Berndl Poldl

„... es wird ein Wein sein“

„... es wird ein Wein sein"

Die Aufzeichnungen
des Weinhauers Berndl Poldl

Herausgegeben von

Karl Hans Strobl

1939

Adolf Luser Verlag in Wien und Leipzig

Berndl Poldl:

„... es wird ein Wein sein“

Die Aufzeichnungen eines Poysdorfer Weinhauers

edition
WEINVIERTEL

Der Text der Originalausgabe wurde unverändert übernommen, grammatikalisch falsche Formulierungen Berndls wurden belassen.

Die Bilder im Text stammen von Grete Hartmann
(Auflage 1939)

Umschlagfotos:
Weinhauer aus Gösing: Aufnahme Robert Löffler, ca. 1920
Weingärten: Andre Brigitte

1. Auflage 2007

A 3482 Gösing/Wagram
Tel. u. Fax: (43) 02738/8760
e-mail: *edition.weinviertel@utanet.at*
www.edition-weinviertel.at

Druck: Ernst Becvar GmbH, Wien

ISBN 978-3-901616-97-6

Inhaltsverzeichnis

Vorwort

Ich kenne einige Weinviertler Aufzeichnungen aus der Zeit der Groß- und Urgroßeltern in Form von Kalendereintragungen, Tagebuchnotizen, als „Vormerkbüchel" oder „Allerlei Merk- und Denkwürdigkeiten", aber kaum einen vollständigen Lebensbericht. Zu schreiben und zu fabulieren lag den Weinviertler Bauern, Hauern oder Kleinhäuslern nicht so. Erzählen ja, das taten sie immer gerne bei einem Glas Wein, aber alles schön der Reihe nach aufschreiben, das war wohl nicht ihre Sache.
Da war der Poysdorfer Hauer und Kleinhäusler Leopold Berndl (1867-1943) schon eine bemerkenswerte Ausnahme. Mit wachsendem Interesse und Vergnügen liest man seine Erinnerungen, genießt seinen ursprünglichen und authentischen Schreibstil, staunt über die treffenden Bewertungen seiner Zeit und ist berührt von den Einsichten, die er aus dem Erfahrungsschatz seiner bäuerlichen Welt schöpft und die oft allgemeingültige Lebensweisheiten ausdrücken. Der Berndl Poldl war nicht nur ein aufgeweckter, scharfsichtiger Beobachter, er war ein echter Dorfphilosoph. Zu Recht sagt einer, als er ihn seiner Frau vorstellt: „Ich werde dir einen Bauern zeigen, der ist etwas anders als die Bauern." (S. 137)

In seiner Art war Berndl aber ein ganz typischer Vertreter des Weinviertler Menschenschlages, wie man ihn nicht nur in Poysdorf antreffen konnte. Man spürt, wie verwurzelt jeder seiner Sätze ist, seine Bauernschläue, seinen wachen Verstand, der sich nicht leicht etwas vormachen ließ, seine Neugier auf alles in der Welt, aber auch seine Lebensfreude und den Schalk in seinem Nacken, der nie einer Eulenspiegelei abgeneigt war.

In manchem anekdotischen Kapitel, wie z. B. von seiner Militärzeit, glaube ich mich wieder meinem Großvater (Jahrgang 1880) gegenüber, wie er mir Ähnliches erzählte, als er des Kaisers Rock getragen hatte. Manchmal finde ich bei Berndl Redewendungen, Aussprüche und Vergleiche, wie sie fast wortident auch meine Großeltern gebraucht haben. Sowohl der Aufbau des Textes als auch der leicht schelmische Tonfall, dem man anmerkt, wie der Autor dabei innerlich schmunzelt, lassen erkennen, dass er sich Peter Rosegger als erzählerisches Vorbild genommen hat. Dass dabei einiges auch ein wenig betulich formuliert ist, mag man ihm nicht anrechnen, wenn man etwa die köstliche Schilderung seiner Fahrt zur Firmung nach Wien oder seine Wallfahrtserlebnisse liest.

Berndls Lebenserinnerungen sind auch deshalb bemerkenswert, da sie ein spannendes zeitgeschichtliches Dokument ergeben, in dem die politische und gesellschaftliche Entwicklung vom Ende der grundherrschaftlichen Untertänigkeit bis zum heraufkommenden Nationalsozialismus nachvollziehbar wird. Der größte Wert des Buches liegt aber vielleicht in der unverfälschten Bodenständigkeit, in der das damalige mühevolle Arbeitsleben eines Weinhauers dargestellt wird, wie er die vielen schweren Arbeitsgänge beschreibt, die das Jahr über erledigt werden mussten, wie er den kargen Alltag schildert und die Härte des Landlebens. Dass diese Menschen trotzdem an den Kirtagen, bei Familienfesten und vor allem in den Kellern und Presshäusern ein Glas Wein zu genießen wussten, macht Berndl und seine Generation sympathisch und bringt sie uns menschlich nahe.

Es ist gut, dass dieses Buch wieder aufgelegt wird und sich so Gelegenheit bietet, der Welt von vorgestern unmittelbar und ungefiltert begegnen zu können.

Rudolf Fürnkranz

Karl Hans Strobl:

Ein Wort zum Geleit[1)]

Der Poysdorfer, der Wein nämlich, das ist ein „Brünnerstraßler". Und der Brünnerstraßler-Wein ist jener Wein, der in einem gesegneten Strich nördlich von der Donau gegen die mährische Grenze zu wächst.

Die großen Weine des Gaues Niederdonau[2)] wachsen um den Nussberg herum und im Gelände um Gumpoldskirchen. Ein solcher großer Wein ist der Poysdorfer nicht, aber er ist ein braver, ehrlicher Brünnerstraßler, ein gesunder, biederer, gut, manchmal schon auch sehr gut trinkbarer Wein, und es gibt Weinbeißer, die ihn, wenn er durch Lage und Jahrgang und Behandlung sich auszeichnet, so manchem „großen" und zumeist schwererem Wein vorziehen.

Einmal unternahmen wir eine Fahrt nach Eisgrub[3)], ein Autobus voll freudig gestimmter, festlich aufgekratzter Menschen, die das sommerliche Wunder des fürstlich Liechtensteinschen Schlosses erleben wollten. Dort gibt es das berühmte „Rosenparterre" und die märchenhafte Fülle der Rhododendren und dann einen ungeheueren Park mit viel Wasser und weiten Wiesen und den prächtigsten Baumgruppen. In einem Gewächshaus wachsen ganz seltene Pflanzen fernster Zonen, Palmen fühlen sich wohl darin und Orchideen und andere Kostbarkeiten, wie sie der Leiter dieser wahrhaft fürstlichen Gartenwelt auf den alljährlichen Pflanzenversteigerungen in London erstanden hat. Und was die Natur hier aus eigenen Gnaden und mit einiger menschlicher Nachhilfe getan hat, versöhnt völlig mit der englischen Simili-Gotik des Schlosses, die aussieht, wie zu Fleiß. Dann waren wir im Weinkeller des entzückenden und wirklich barockechten Feldsberger Schlosses[4)] Gäste des Fürsten, und unser Lob der Weinlein, die da flossen, war nicht Höflichkeit, sondern ehrlichste Überzeugung.

Als wir dann auf der Heimatfahrt wieder durch Poysdorf kamen, da meinte unser Führer, es wäre übel getan, ja geradezu eine frevelhafte Unterlassung, wenn wir am Hause des Vizebürgermeisters Haimer vorbeifahren wollten, wo der Herrgott gerade den Arm herausgesteckt hatte, zum Zeichen, dass hier der Hausherr als Leutgeb[5)] seinen heurigen Eigenbau schenke. Und siehe, der Poysdorfer Heurige bestand neben den Weinen des fürstlich Liechtensteinschen Weinkellers zu Poysdorf!

... So sind die Poysdorfer!

Und einer von ihnen ist der Berndl Leopold.

Er kam eines Tages zu mir mit einem Brief eines Freundes, den ich mir auf jener Fahrt ins Reich des Brünnerstraßlers erworben habe. Er bedurfte keiner Empfehlung, ich sah, wen ich vor mir hatte: ein zusammengeschnurrtes, vornübergebeugtes Bäuerlein, einen Mann, den ein Leben auf der Scholle dürr und zäh gemacht hat, dem die Arbeit ihre Merkmale mit tausend Falten ins Gesicht geschrieben und dessen Hände sie mit Furchen und Schwielen gehärtet hat. ... mit klugen, hell blickenden Augen und einem scharf gezeichneten, dünnlippigen Mund. Und als ich dann eine Weile mit ihm gesprochen hatte, da hatte ich heraus, dass er einer von jenen Bauern ist, die über der Arbeit der Hände die des Kopfes nicht vergessen haben, einer, der sich über Gott und Welt und Menschen seine eigenen Gedanken gemacht hat.

Da stand er in meiner Bücherei und ließ seine Blicke verstohlen über die Bücherreihen an den Wänden gleiten und gab sich Mühe, sein Staunen und seine Verwunderung über so viele Bücher zu verbergen. Denn unsere Bauern haben das mit den Indianern gemein, dass sie es gerne verhehlen, wenn etwas auf sie Eindruck macht, und dass sie Fremden gegenüber Gleichmut heucheln.

Bei einem zweiten Besuch aber, nachdem mein Gast zutraulicher geworden war, zog er ein Heft aus der Tasche und legte es in meine Hände. Es war ein dickes Schulheft, „Tell – Arbeitsbuch“ ... stand darauf gedruckt und darunter mit Tinte geschrieben „für Berndl Leopold“.

Da habe er halt hineingeschrieben, meinte er, was er aus seinem Leben so für sich des Aufzeichnens wert gefunden habe.

Ich muss gestehen, dass ich im ersten Augenblick leicht enttäuscht war. Ich hatte gedacht, ich hätte einen Bauern zu Besuch, und nun erwies es sich, dass er ein Manuskript gegen meine Brust zu zücken gekommen war. Und schon wollte ich ihn auf die Tafel an der Tür meiner Bücherei aufmerksam machen, auf der die Warnung geschrieben steht:

Willst willkomm'ner und geliebter
Freund du sein im Igelhaus,
so bring mir keine Manuskripter
und borg dir keine Bücher aus.

Aber er hatte mir seine Handschrift so harmlos und treuherzig anvertraut, dass ich ihn nicht kaltherzig abweisen wollte, und versprach, ich würde mir seine Aufzeichnungen ansehen.

Ich habe sie mir dann angesehen, mit einigem Misstrauen zuerst, denn diesen Aufzeichnungen war ein Ausspruch von – Goethe vorangestellt. Du lieber Himmel, dachte ich: ein Bauer, der mit Goethe beginnt, das kann ja was Schönes werden! Aber dann las ich immer freudiger von Seite zu Seite und immer mehr gefesselt und gebannt.

Und ich war noch gar nicht sehr weit gekommen, da sagte ich mir, dass diese Aufzeichnungen wert seien, gelesen zu werden, nicht nur von mir, sondern von all denen, die ein Zeugnis haben wollen vom Bauern unserer Tage, ...

Nicht aus schriftstellerischem Ehrgeiz und Drang waren diese Lebenserinnerungen entstanden, und auch nicht darum waren sie mir gebracht worden, dass ich den literarischen Geburtshelfer mache und ein Buch daraus verfertige. Die Absicht war keine andere als – wie es der Verfasser in seinem kurzen Vorwort sagt – seinen „Nachkommen und späteren Geschlechtern Kunde zu geben, wie es zu unserer Zeit war". Für Kinder und Kindeskinder waren diese Aufzeichnungen bestimmt und vielleicht für ein paar Freunde und vielleicht hätten der Herr Postmeister und der Herr Apotheker und sonst der oder jener auch einen Blick hinein tun dürfen. Und als ich dann dem Berndl Leopold sagte, dass ich der Meinung sei, es sollten auch noch andere Leute diese Erinnerungen kennen lernen, recht viele Leute, damit sie wissen, wie ein Bauer unserer Tage sich gehalten und emporgearbeitet hat, wie und was er gedacht hat und wie die Welt um ihn aussah und auf ihn wirkte – da erschrak er beinahe und gab nur zögernd seine Zustimmung.

Und nun möchte ich noch – ob es dem Berndl Leopold recht ist oder nicht – ein paar Worte über ihn selber sagen.

Er ist einer von jenen Bauern, die gar nicht so selten sind, wie man vielleicht meint, einer von jenen, die einen Drang nach einem umfassenderen Weltbild in sich tragen, das über die Scholle und das Dorf und die nächsten Nachbarn hinaus reicht. Ein „gebildeter" Bauer, dem Lesen und Bücher ein Lebensbedürfnis sind. Zu den reizvollsten Abschnitten gehört das, was er dazu zu sagen weiß, warum und wie die Leute lesen und wie er es selbst damit gehalten hat. Ein Bauer, der Goethe liest und – Nietzsche! Er weiß, wer Torquemada war und wie viele Hexen verbrannt worden sind und wer der Papst Innozenz VIII. war und er rechnet aus, wie es der Mond anstellen muss, um nach einem Monat wieder an der gleichen Stelle zu sein. Er betreibt seine Religionsphilosophie bei aller Herzensfrömmigkeit und Gottgläubigkeit nicht ohne Schalkheit gegenüber den Fragwürdigkeiten kirchlichen Lebens. Die geistige Erbschaft des Kaisers Joseph II. gibt ihm seinen festen Grund, auf dem er zu zweifeln und zu lächeln wagt, und manchmal rückt seine Aufgeklärtheit bis nahe ans Freidenkertum heran, wenn ihn auch dessen politische Seite niemals in seinem deutschen Weltgefühl wankend zu machen vermocht hat. ...

Er müsste nicht ein Bauer sein und nicht die ursprüngliche Gläubigkeit des Landvolkes in sich haben, wenn er nicht auch gelegentlich einmal ein Geschäft mit dem Himmel zu machen geneigt wäre. Und so opfert er auch einmal an geweihter Stelle für einen gesunden Viehstand. Aber dann geht ihm trotzdem eine Kuh ein, und seitdem hat sich der Berndl Leopold auf solche unsichere Geschäfte nicht mehr eingelassen.

Dieser Weinbauer aus Poysdorf hat eine ungemein scharfe Beobachtungsgabe. Es ist ihm gegeben, einen Menschen mit ein paar Strichen zu zeichnen. Es entgeht ihm nichts. Und so hat er es auch immer gleich heraus, was an Menschen und Dingen und Meinungen schief und verbogen und fragwürdig ist. Das sagt er dann freimütig heraus, aber zumeist mit einem lustigen Schmunzeln trockenen Humors. Er ist schon ein Sinnierer und Spintisierer, aber einer, der den Schalk im Nacken hat, und er verliert sich nie ins Abwegige, weil er zu viel Sinn für die Wirklichkeit hat; und dieser Sinn hat ihm ja auch geholfen, es im Leben aus dürftigen Anfängen voran zu bringen.

Im Ganzen könnte er, so wie er da leibt und lebt, in einem Buch von Rosegger stehen. Und Rosegger, der ist ja auch sein literarischer Heiliger, im ganzen deutschen Schrifttum, so weit er es kennt – und er kennt immerhin ein ansehnliches Stück davon – steht er ihm obenan. Kein Zweifel, er hat etwas von Roseggers Bauern an sich und damit von Rosegger selbst.

Ein „gebildeter" Bauer, aber einer, der dabei unverbildet geblieben ist, dem Papier und Druckerschwärze nur ganz selten nachhängen, unverstellt und unverkünstelt und durchaus eigenwüchsig in der Art, wie er sieht und wie er sagt, was er gesehen hat. Was schaut er zum Beispiel in Wien an, wenn er eine Reise dahin unternimmt? Ein Blick vom Bisamberg: da unten liegt Wien. Und ist etwa Paris größer? Ach wo – es „reicht ja auch nur von einer Grenze zur andern". Wenn er dann vom Rundblick ins Einzelne der Wiener Sehenswürdigkeiten geht, so besucht er den Zentralfriedhof und den Urnenhain und den Friedhof der Namenlosen, das Flugfeld bei Aspern und die Gräberfelder der Kriegsgefangenen. Und dann geht er ins Asyl der Obdachlosen, um sich dort mit dessen Gästen zu unterhalten und ihren Schicksalen nachzufragen. Wenn es im Prater ein Negerdorf gibt, dann schaut er stundenlang zu, passt er genau auf, was die Schwarzen treiben, wie sie kochen und essen und Gericht halten, und das ersetzt ihm eine Reise nach Afrika. Das, was andere Leute in Wien zu unternehmen pflegen, „damit die Brieftasche eine schlanke Linie bekommt", Mädel und dergleichen, ist nie nach Berndls Geschmack gewesen.

Wenn jemand so grundfest im Leben steht wie er, dann ist ihm der Tod kein Schrecken, sondern auch nur Erfüllung eines Lebensgesetzes. Und er ist tief im Diesseits verwurzelt, wie einer, dem sein Dasein ein gerader Weg und eine Entfaltung seines eigensten Wesens war. Das ist vielleicht das Schönste an diesen Erinnerungen, dass er bekennen darf, mit dem Leben und seiner Stellung darin vollkommen zufrieden zu sein. Es ist köstlich gewesen, weil es Mühe und Arbeit gewesen ist und der Berndl Leopold sagt ein lautes und freudiges Ja zu alledem. Was er auch an der Welt und den Menschen und ihren Einrichtungen mit einem Lächeln und Kopfschütteln auszusetzen haben mag, mit einem ist er durchaus einverstanden, und das ist sein eigenes Schicksal. „Ich bin ein Weinhauer, und das ist mein Stolz!"

Die Liebe zu seinem Beruf, zum Wein und allem, was mit ihm zusammenhängt, ist die Achse seines Lebens und dieses Buches. Der entscheidende Grundzug seiner Persönlichkeit ist die Treue.

Er ist treu seinem Beruf, treu der Scholle, treu der Wirklichkeit. Wie einer der Chronistenschreiber in alten Tagen kümmert er sich um Kleines und Kleinstes und zeichnet getreulich auf, was ihm beachtenswert erscheint, die Schreckenspreise in den Nachkriegszeiten und wie die letzten 75 Weinjahre in Poysdorf gewesen sind.

...

Berndls Aufzeichnungen sind zur österreichischen Systemzeit[6)] niedergeschrieben. Wie er sich zu ihr stellt, braucht er auch nicht ausdrücklich zu sagen, seine Meinung scheint da und dort deutlich genug hindurch. Als der richtige bäuerliche Schalk, der er ist, bringt er schon gelegentlich mit kaum verhohlenem Schmunzeln eine kleine Bosheit an; wenn er etwa von Kaiser Leopold mit „seinen schönen Locken" spricht, der 1683 vor den Türken ausgerissen ist, obzwar doch der Hirt zu seiner Herde gehört, oder wenn er die Hochzeitsreise des Fürsten Starhemberg nach Indien erwähnt und dann ein Stück weiter bemerkt, dass man unbeliebte Leute dorthin wünscht, wo der Pfeffer wächst und – Indien sei ja das Land, wo er wächst.

Und nun wäre noch zu sagen, was mein Anteil an diesem Buch ist. Er ist gering genug. Denn ich habe mich natürlich bemüht, alles so zu lassen, wie es der Berndl Leopold niedergeschrieben hat und habe nichts verbessern oder verschönern wollen.

Ich habe seine Lebenserinnerungen nur in eine gewisse Ordnung gebracht. Denn es ging in diesen Aufzeichnungen etwas bunt durcheinander, sie wurden ja nicht nach einem festen Plan niedergeschrieben, sondern so, wie die Erinnerungen dem Erzähler im Fluss des Erzählens kamen. Ich habe also Wiederholungen ausgeschieden, Zusammengehöriges, das an auseinanderliegenden Stellen sich fand, verbunden, das Ganze gegliedert und in Abschnitte zusammengefasst, denen ich ihre Überschriften gegeben habe.

Manchmal war es nötig, um Lücken zu schließen, durch einen Satz eine Brücke zu schlagen. Es werden nicht mehr als etwa ein halbes Dutzend solcher Brückensätze sein, und ich hoffe, man wird sie nicht bemerken. Und dann habe ich offenbare Schreibfehler beseitigt und bei den Satzzeichen ein wenig nachgeholfen. Und einige Stellen, die bedeutungslos oder störend sind, habe ich auch einfach weggelassen. Wie ich glaube, nicht zum Schaden des Ganzen.

Aber ich habe mich gehütet, die Eigenart von Berndls Ausdrucksweise oder seine Satzfügungen anzutasten, denn ich möchte, dass man diesen Mann in seiner ganzen Lebensfülle und der Vollsaftigkeit seiner Natur unverstellt vor sich hat ... .

Karl Hans Strobl

Wohl dem, der seiner Väter gern gedenkt, der froh von ihren Taten, ihrer Größe den Hörer unterhält, und still sich freuend ans Ende dieser schönen Reihe sich geschlossen sieht.

Goethe

Warum der Berndl Leopold ein Hochgeborener ist. Von den Berndl Leuten. – Die Preußen in Poysdorf. Beim Federnschleißen.

Ich selbst kann mich wirklich nicht erinnern, wann und wo ich geboren bin, aber meine Mutter hat mir's gesagt und auch im Taufbuch steht's geschrieben, dass ich geboren wurde am 22. Dezember 1867 zu Poysdorf, und zwar hoch oben am Berge bei der Kirche im Wächterhaus, bin deshalb ein Hochgeborener. Mein Vater war nämlich Wächter, Totengräber und Mesner in einer Person und wurde ihm deshalb das Wächterhaus als Wohnung überlassen.

Mein Vater starb, als ich 15 Monate alt war, es war am 29. März 1869, das war Ostermontag. Meine Mutter mit uns drei Kindern, Elisabeth, Josef und Leopold, übersiedelte dann in die Brunngasse 146, jetzt 346, das der ledigen Theresia Schodl (Jungfer Resi) gehörte, und wo wir siebzehn Jahre wohnten und jährlich sechzehn Gulden Zins zahlten. Diese Jungfer Resi hat uns aber durch siebzehn Jahre das Leben recht sauer gemacht.

Durch vieles Fragen und Nachforschen habe ich erfahren, dass meine Ahnen so um das Jahr 1720 unter Kaiser Karl VI. aus dem Saarland nach Oberösterreich eingewandert sind, sich dort sesshaft gemacht haben und von da weiter verzweigt haben ins niederösterreichische Waldviertel, besonders bei Pöggstall, Gföhl und dann weiter herunter ins Weinland, in die Poysdorfer Gegend. Zurzeit sind in Poysdorf und Wilhelmsdorf zehn Familien mit Namen Berndl.

Mein Urgroßvater Johann Georg Berndl besaß das Halblehenhaus in der Brunngasse Nr. 8, jetzt 351, wo jetzt noch im Zimmer am Durchzug sein Name mit der Jahreszahl 1788 steht. Dass dem so ist, wurde mir öfters bestätigt. So war ich im Jahre 1912 im Allgemeinen Krankenhaus mit einer Leistenbruchoperation, wo zufällig ein Josef Berndl aus Gföhl mit einer Fußamputation war, der sagte mir, dass der Name Berndl in seiner Gegend häufig vorkommt. Weiters sagte mir Florian Berndl[7)], der aus Pöggstall war und der sich am Bisamberg als Naturheilkünstler niedergelassen hatte, dass es tatsächlich so ist, wie ich oben erwähnt habe. Auch in seiner Gegend kommt der Name Berndl häufig vor.

Diesen Florian Berndl habe ich häufig besucht, er war ein drolliger Mensch, ging immer nackt und hatte einen Zopf, aber er hatte ein Wissen, das er sich beim Pfarrer Kneipp in Wörishofen erworben, bei dem er fünfzehn Jahre als Gehilfe war. Er hat mich tatsächlich von Ischias befreit, und zwar mit Sandbädern und guten Ratschlägen. Mein Urgroßvater hatte zwei Söhne und vier Töchter. Eine der Töchter, Barbara mit Namen, wurde meine Großmutter. Sie soll ein hübsches Mädel gewesen sein und war in Wien bei einer Herrschaft als Köchin bedienstet, hatte mit dem Kammerdiener ein Liebesverhältnis, welches nicht ohne Folgen blieb. In der Gebärklinik in Wien kam mein Vater am 23. Oktober 1820 zur Welt, die Mutter starb bei der Geburt am Kindbettfieber.

Mein Vater Berndl Leopold war kaum geboren, so war er auch schon eine Waise. Der Kindesvater wollte das Kind nehmen und zu seinen Eltern geben nach Süd-Ungarn, jedoch der Großvater Johann Georg Berndl willigte nicht ein und so wurde mein Vater bei den Großeltern erzogen und ließen ihm auch zwei Grundstücke schreiben, und zwar: einen Acker in Blankengrund und einen Acker in Ebental. Das war ein schöner Zug von meinem Ahnen, der mich zu einem guten Gedenken zwingt. Der Großvater starb, die anderen Kinder mit der Mutter haben dann abgehaust, und so kam dann mein Vater zu der Schamann-„Frau Mahm", das war eine Schwester von seinem Großvater. Da verblieb er nun, bis er zum Militär kam.

Im Jahre 1848 wurde er in Korneuburg assentiert und wurde gleich eingekleidet und ausgerüstet. Damals war es so. Mit vier Wochen durfte er dann in Urlaub fahren oder gehen. Er diente bei Artillerie und hat die alte Monarchie öfters durchquert. Er war in Ungarn, Siebenbürgen, Polen, Böhmen, in Pardubitz und Radetzky, in Istrien, im venetianischen Mailand, beim Feldzug in Piemont, besonders lange war er in Nord-Ungarn im Trenzciner Komitat.[8)] Wie mir meine Mutter sagte, beherrschte er die slowakische Sprache und konnte mit den Rastelbindern ganz gut sprechen. Nur einmal kam er während seiner ganzen aktiven Dienstzeit, die acht Jahre und etliche Monate dauerte, nach Poysdorf, außer seinem Rekrutenurlaub, und zwar als sein Regiment von Polen nach Mailand auf der Reichsstraße durch Poysdorf durchmarschierte. Nach dem Militär war er dann wieder bei der Schamann-„Frau Mahm", bis er dann im Jahre 1875 im Februar meine Mutter heiratete. Meine Mutter, Katharina Ferner, war eine Tochter des Franz Ferner und der Anna-Marie, geborene Göschl. Der Großvater Franz Ferner war ein Wetzelsdorfer. Sie hatten das Kleinhaus in der Laaerstraße Nr. 34 und hatten fünf lebende Kinder, Katharina, meine Mutter, Johann, Franz, Theresia und Georg. Der Großvater starb im Jahre 1867, die Großmutter im Jahre 1882.

Meine Eltern haben am 3. Februar 1857 ihren Trauungstag gehabt und wohnten bei Strobl in Miete. Der Ehe sind fünf Kinder entsprossen, als jüngstes ich, Leopold Berndl, geboren am 22. Dezember 1867, um 1 Uhr früh, das Zeichen ist der Krebs. Als Paten sind mir beigestanden Josef und Elisabeth Schamann. Die Paten waren bei allen fünf Kindern gleich. Meine Eltern hatten nur zwei Grundstücke und mussten deshalb dem Verdienst nachgehen. Mein Vater ging in den Taglohn, wo für den Arbeitstag 40 Kreuzer gezahlt wurden, da musste er mit dem ersten Morgengrauen im Hause des Bauern sein und mit dem Untergang der Sonne vom Felde gehen. Außerdem arbeiteten sie Weingärten im Bestand (das ist Akkord), so beim Pfarrer eineinhalb Achtel, das sind 600 Quadratklafter, um 18 Gulden. Beim Schindler ein Achtel um zwölf Gulden. Die Mutter ging waschen, so in den Pfarrhof, zum Schulmeister und in mehrere Bauernhäuser. Auch ging sie Kranke pflegen, sogar bei die schwarzen Blattern, und nichts ist ihr geschehen. Von 1864 an wohnten sie bei Asperger Matthias, in der heutigen Laaerstraße. Er war ein strenger Mann, da musste er sofort in die Arbeit kommen, wenn er es verlangte. Einmal kam er um 12 Uhr nachts: Berndl, morgen helfen! Sagte mein Vater, morgen geht das nicht. Da schrie er beim Fenster hinein: „G'lumpert, zieht's aus!"

Im Jahre 1866, als die ersten Preußen hereinkamen, wurde der Vater zum Nachtwächter bestellt, und wir übersiedelten in das Wächterhaus. Gleichzeitig war er auch Totengräber und Mesner. Kaum, dass er sein Amt als Totengräber begann, so brach die Cholera aus und hatte er vollauf zu tun. Dreißig preußische Krieger starben an Cholera und wurden am Weißenberg begraben, wo heute noch das Denkmal steht. Genau 136 starben von der Bevölkerung Poysdorf, die am alten Friedhof in Schachteln begraben wurden. Wie meine Geschwister erzählen, war der erste, der an der Cholera starb, ein preußischer Soldat. Der wurde neben der Jauchgrube des Armenhauses neben der Mauer begraben, ganz splitternackt, mit dem Gesicht nach unten, die Jauche drängte durch die Mauer, und so wurde er mit Erde zugedeckt.

Der letzte, der an der Cholera starb, war der Wirtschaftsbesitzer Josef Schuckert, Brunngasse Nr. 39, ist jetzt 291. Der sagte während des Massensterbens: „Aber es sterben ohnehin nur lauter Erdäpfelbäuche." Wie dann er als letzter an Cholera starb, sagten die Leute, jetzt ist ein Bratlbauch auch gestorben.

Zu dieser Zeit waren zwei Nachtwächter angestellt, die sich im Dienst teilten. Mit meinem Vater war zugleich ein gewisser Schreiber angestellt. Als Nachtwächter musste er nachts die Runde durch die Gassen machen und dabei rufen:

„Alle meine Herren lasst euch sagen,
Der Hammer hat zwölfe geschlagen,
Bewahret das Feuer und auch das Licht,
Damit dem Markt kein Schaden g'schiecht
Und lobet Gott den Herrn."

Außerdem hatte er den Auftrag, in gewissen Häusern nach Mitternacht die Pferdeknechte zum Füttern aufzuwecken, denn damals gab es noch keinen Wecker.

Mein Vater soll ein außergewöhnliches Erzählertalent gehabt haben und dazu köstliche Witze. Adalbert Haimer, ein großer Bauer, der sagte mir einmal: „Berndl, du hast einen braven Vatern gehabt, keinen solch braven Wächter kriegen wir nimmer." „Wir Burschen", sagte er, „haben ihn öfters nachts in den Keller mitgenommen, damit er uns erzählt und uns unterhalten hat."

Dasselbe sagte mir dessen Bruder Anton Haimer und ebenso der Weinhändler Karl Hipfinger. Wenn Gutes von den Eltern erzählt wird, das freut doch jeden Menschen. Einmal wollte er beim Seifensieder Ferdinand Gabath aufwecken. Es war aber noch zu früh und so setzte er sich auf der steinernen Bank vor dem Hause nieder und schlief ein. Da es im Winter war, hat er sich erkältet, besonders die Füße, bekam ein schmerzliches Leiden in der großen Zehe, die ihm der Doktor dann aufschnitt. Das war Anfang der Karwoche. Gründonnerstag, Karfreitag und Karsamstag machte er noch einen Mesnerdienst, nach der Auferstehung musste er sich niederlegen, bekam den Starrkrampf und starb Ostermontag, den 29. März 1869, im 43. Lebensjahr. Als er noch gesund war und seinen Mittagsschlaf auf der Bank hielt, lief ich auch öfter hin, um zu „losen", aber es war nichts mehr. So hat mir's meine Mutter erzählt.

Ein Geisteskranker in Kierling, Josef Gruber, den ich einmal besuchte, sagte: „Jo, i kenn dich nit wer du bist." Ich sagte: „Vom Berndl Poldl, vom Nachtwächter der Sohn." „Ach", sagte er, „jetzt kenn ich dich, ich weiß noch gut, wie dein Vater begraben wurde, deine Mutter hat dich am Arm getragen."

Meine Eltern müssen sehr sparsam gewesen sein, denn sie haben sich während dieser zwölf Jahre bei solch bescheidenem Einkommen drei kleine Grundstücke und einen Keller mit Presshaus gekauft. Der Keller mit Presshaus kostete 50 Gulden, der Acker in der Spitalleite, 300 Quadratklafter groß, kostete 20 Gulden. Von den anderen zwei Grundstücken, Freibergen und Fuchsenberg, kann ich nichts mehr finden. Da mein Vater jahrelang im Pfarrhof, im Weingarten, im Keller und in Haus und Garten die Arbeiten machte, so rechnete die Mutter, dass der Pfarrer doch das Einsegnen gratis machen wird, aber es war nichts. Im hohen Alter hat sie das noch bekrittelt. Ich hab's auch erfahren beim Provisor Maglock.

Nachdem mein Vater gestorben war, wurde ein neuer Nachtwächter bestellt und wir mussten das Wächterhaus räumen und übersiedelten in die Brunngasse 146 zu der „Resi Jungfer Mahm". Die Schwester Elisabeth war elf Jahre, vier Monate alt, wurde vom Schulbesuch befreit. Der Bruder Josef war neuneinhalb Jahre alt und musste die Schule bis zum Jahr 1872 besuchen. Die letzten Jahre nahm er mich immer mit in die Schule, damals nahmen die Schüler in der Regel ihre jüngeren Geschwister in die Schule mit. Wieso das geduldet wurde, ist mir heute noch ein Rätsel.

Von diesem Schulbesuch ist mir etwas lebhaft in Erinnerung, das ich erzählen muss. Das war die große Klasse, wo dann die Kinder zum Austritt kamen. Klassenlehrer war Johann Jilge; da war ein Schüler, Dominik Schuckert, aus der Laaerstraße, der saß vor mir, da konnte ich's genau sehen. Er nahm eine Zigarre heraus, schnitt mit dem Messer den Spitz weg und zündete sie an. Das war während des Unterrichtes. Der Lehrer wollte ihm das energisch verbieten, da sagte der Bub ganz

frech: „Haderlump, dreckiger, ist's dir leicht nicht recht?“ Kaum zum glauben, doch ist es wahr. Dieser Dominik Schuckert war dann später ein gefürchteter Raufer.

Meinem Bruder sein größtes Vergnügen war, wenn er mich reizen konnte, dass ich weinte. Er legte sich immer auf die Bank und fing zum lamentieren an: „O Gott, ich muss sterben, o Gott, ich muss sterben.“ Da fing ich immer zu weinen an, dass ich nimmer zum trösten war; er war glücklich dabei.

Unsere Hausfrau, die Jungfer Resi, die hat einmal eine Zeit lang eine Karrnerfamilie[9)], Mann und Weib beherbergt. Dieses arme Arbeiterweib hat mir öfters einen Kreuzer gegeben, ich soll mir etwas kaufen. Einmal gab sie mir einen Vierer, ich soll mir um einen Kreuzer etwas kaufen. Ich ging hinunter zum Kruhalick-Kaufmann, kaufte mir eine Bäckerei – damals konnte man auch um einen Kreuzer etwas kaufen –, und brachte dem Weib die drei Kreuzer zurück. Wie lange werden diese armen Leute schon tot sein, und ich habe sie noch ganz lebendig in Erinnerung, in einer dankbaren.

Nicht vergessen hab ich's, dass meine Mutter, wenn sie im Pfarrhof bei einer Tafel als Abwascherin aushelfen musste, Überreste mit nach Hause brachte, einen großen Topf Suppe, und ein großes Papier voll Bäckereibrösel. Die Suppe hat mir nicht recht geschmeckt, heute weiß ich's, sie war sauer. Bei den Bröseln haben meine zwei Geschwister ausgemacht, nur mit die Finger zuzugreifen, die Schwester hat es aber mit der Zunge probiert, da gab's aber dann einen großen Krach. Es hat eine längere Weile gedauert, bis alles wieder im Gleichgewicht war und alle drei mit die nassen Finger wieder gleichmäßig hingetupft haben auf die Brösel. Dem Pfarrer seine Jungfer Kathi, die hat nichts Gescheites hergeben.

Ich habe nicht begreifen können, warum denn gerade wir „koan Vodan“ haben. Meine Mutter war im Pfarrhof Wäscherin und da hatte sie mich immer mitgenommen. Einmal sah ich in dem Holzschuppen eine ganze Anzahl so ausrangierte Heilige herumstehen, gleich war mein Plan fertig. Mit der Butten einen heimtragen, und wir haben auch „an Vodan“. Ich hab die Mutter sekkiert drum, denn mir war es ernst. Der Pfarrer Haresser hat es gehört, der hat gelacht und laut auch noch dazu.

Als ich noch so klein war, da hab ich immer bei der Mutter geschlafen, neben der Mauer, da hat sie mir das Schutzengelgebet gelehrt, eine selige Erinnerung. Aber einmal, da hat jemand beim Fenster geklopft, da hab ich mich gefürchtet. Die Mutter hat gebrummt, aber geredet hat sie nichts, das freut mich heute noch. Als derjenige dann weg war, sagte sie ganz aufgeregt: „A so a olda Mäulauf.“ Es war ein älterer Witwer, der Wolf-Tonl. Ich hab ihn später gekannt, er war ein grindiger Kerl, hatte aber einen schönen Besitz und hat dann von Poysbrunn eine geheiratet, die hat ihm alles angebracht, und er selbst ist dann im Armenhaus gestorben.

Mein Vater hatte zwei Weingärten angefangen, aber nicht mehr fertig gemacht. Das musste die Mutter jetzt mit fremden Leuten tun. Die Geschwister mussten jetzt schon fest mithelfen und auch dem Verdienst nachgehen. Im Jahre 1875 bauten wir schon etwas Wein, jedoch kostete er nur drei bis dreieinhalb Gulden der Eimer, und da musste man noch Glück haben, wenn man einen Käufer fand, denn Wein ist in diesem Jahr im Überfluss gewachsen. 1879 war starker Reif, folglich kein Weinjahr.

1877 wuchs ein essigsauerer Wein, den niemand kaufen wollte. Es war nämlich eine starke Gefrier im September. Das Jahr 1878 war eins der reichsten Weinjahre, der Wein war nicht zum unterbringen, Bottiche wurden zugedeckt mit Läden und vermauert. Ein leeres Fass kostete drei Gulden pro Eimer und ein Eimer Wein kostete auch drei Gulden und noch weniger. Der

Ebenauer aus der Laaerstraße baute in diesem Jahr neunhundert Eimer Wein. Wir bauten in diesem Jahr schon ziemlich viel, hatten aber zu wenig Fässer und mussten deshalb beim Schulmeister Wurmbauer einfüllen, der uns denselben dann auch abkaufte, den Eimer um drei Gulden. In einem späteren Abschnitt werde ich dann die ganzen Jahre über Witterung und Weinbau beschreiben, so weit ich es noch in Erinnerung habe.

Im Jahre 1880, am 9. Februar, heiratete meine Schwester Elisabeth den Weinhauer Stefan Hofer. Das war ein lustiger Tag, der mir noch lebhaft in Erinnerung ist. Nächstes Jahr, 1881, wurde mein Bruder assentiert zu den Deutschmeistern, rückte im Herbst ein, wurde aber dann wieder beurlaubt, weil die Mutter reklamierte, da ich selbst erst vierzehn Jahre alt war. In den nächstfolgenden Jahren waren einige gute Weinjahre, verdient wurde auch, und so konnten wir uns im Jahr 1886 ein Kleinhaus kaufen. Wir waren tatsächlich fleißig und sparsam und strebten nur nach einem Ziel: hinaus aus dem Zins, ein eigenes Heim, weg von dieser „Resi Jungfer Mahm". Sie war eine Betschwester und ging wöchentlich zur Beicht und Kommunion; wenn sie gut war, da gab sie alles her, was sie hatte. Aber wehe, wenn sie in ihre Bosheit verfiel, denn da spuckte sie minutenlang aus vor uns. Wir kannten schon immer die Vorzeichen vom Sturm. Wenn sie die Zähne eingebunden hatte, da nahmen wir Reißaus vor ihr. Auch war sie mit Hexenglauben behaftet. Wenn ihr eine Henne zugrunde ging oder wenn sie in den Armen oder Füßen das Reißen bekam, gleich beschuldigte sie uns, dass wir sie verhext haben, und dann kam wieder der Rückschlag, und sie war wieder übertrieben gut. Wenn diese Betschwester vom Dritten Orden und vielleicht noch ein paar Kolleginnen von dieser Gattung im Himmel droben sind, ich sage ehrlich: da mag ich nicht hinauf!

Zu Fleiß und Tätigkeit wurden wir von der Mutter angehalten, auch hat sie sich eine gewisse Autorität bewahrt. In manchen Sachen, die sie für uns schädlich fand, konnte sie energisch werden. Mein Bruder hatte mit so einem flatterhaften Mädel eine Bekanntschaft und das war der Mutter nicht Recht, da gab's öfter Unfrieden. Einmal kam dieses Mädel bei der Nacht selbst zum Fenster unserer Schlafkammer und redete hinein. Als meine Mutter das hörte, kam sie heraus und schrie: „Da hört sich doch schon alles auf mit solche Zänkeln, jetzt kommens gar schon zu die Buben fensterln, schauts dass weiter kommts." Es war eine zweite bei ihr, die sind aber schnell verduftet. Das Mädel war in der Dampfmühle bedienstet, war von Enzersdorf und hieß Haas. Als mein Bruder diese Bekanntschaft weiter pflegte, da gab's einmal einen großen Krach, wobei die Mutter meinen Bruder ganz kurz hinauswarf. Wo er diese Nacht geschlafen hat, weiß ich nicht, herein durfte er nicht. Mir hat er Leid getan und habe deshalb recht bitterlich geweint. Ich glaube, die Liebschaft hatte ein Ende.

Acht oder neun Jahre später ging es mir ebenso. Ich begleitete täglich so eine tschechische Maid zum Gemeindebrunnen, das war der Mutter nicht recht. Als ich gegen sie ein wenig keck werden wollte, da lag ich auch schon draußen. Diese Nacht hab ich am Boden geschlafen, da hat mich aber tüchtig gefroren. Ich hab's noch gut im Gedächtnis, wie ich im Stroh lag und Rache brütete, ich wünschte mir diese Nacht zu sterben, der Mutter zu Fleiß, damit sie sich kränkt.

Ich bin aber nicht gestorben und die Böhmin hab ich nicht mehr begleitet.

Zu meinem Bruder kamen an den Winterabenden seine Kameraden Karten spielen und dann Geschichten erzählen von den Mädeln, da hab ich immer geschlafen, ein bissel geschnarcht und dabei aufgepasst, dass ich alles gut hörte. Da hab ich vieles erfahren, was ich noch nicht zu wissen gebraucht hätte.

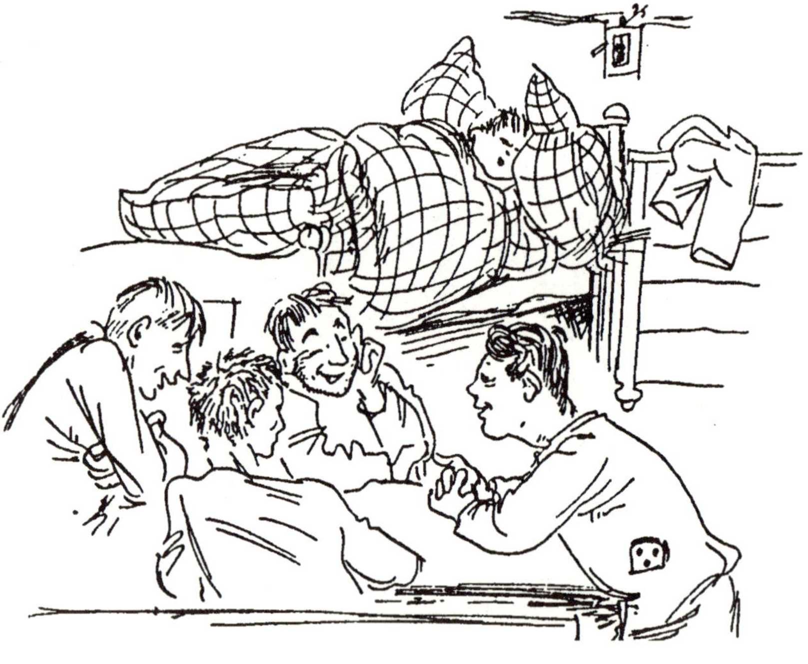

Federn schleißen gingen wir auch in verschiedene Häuser, da war das Geschichtenerzählen an der Tagesordnung, besonders Hexengeschichten. Meine Mutter war unerschöpflich in Hexengeschichten und auch andere Weiber hatten vieles am Lager. Ich selbst glaubte es schon als Bub nicht, aber gefürchtet hab ich mich doch. Der Hexenglaube spukte im vorigen Jahrhundert noch stark in den Köpfen der älteren Leute, und ich werde dann später eine Anzahl zum besten geben. Auch Wissenschaftliches wurde beim Federnschleißen besprochen. Alois Haimer Nr. 317 im Hause Brunngasse, wo der Wasserdurchlauf ist, ein schon ziemlich aufgeklärter Mann, der klärte einmal die Männer und Weiber auf, dass sich die Erde täglich um sich selbst dreht, für uns Buben, die wir aus der Schule waren, war dies etwas Selbstverständliches. Der alte Ernst aber, der sagte: „Wonn sich die Welt umadum drahn tat, do follatn jo auf da untern Seiten die Häuser weg."

In diesem Haimerhaus, da waren meine Mutter und Geschwister immer in der Arbeit, das war ein gutes Haus, die verschenkten mehr, als der Brauch war. Da hab ich auch etwas erlebt, das ich nicht vergessen habe. Es war in der Lesezeit. Meine Mutter und Geschwister halfen dabei. Die Barmherzigen von Feldsberg[10)] sammelten Most und hatten im Haimerhaus ihr Absteigequartier. Abends bei der Pressarbeit waren sie auch mitunter anwesend, da war es immer recht unterhaltlich. Einmal wurde auch vom Heiraten und von die Mädel gesprochen, da sagte der barmherzige Bruder: „Wir legen auch die Mädchen nieder."

Einer sagte: „Schindeln am Dach!" Das ging mich an, ich habe dumm und verschlafen geschaut und hab mich nicht gerührt. Ich hab's dazumal ohnehin nicht richtig verstanden. Heute versteh ich's.

Nach dem Federnschleißen wurde dann in der Regel der Federnhahn gehalten. Da ging's in manchem Haus recht lustig zu.

Zuerst wurde eine Schüssel mit aufgeschnittenem Kuchen, wo eine lange Flügelfeder drauf steckte, aufgetragen, und die Aufträgerin krähte dabei wie ein Hahn. Dann wurde gegessen, getrunken, erzählt, gesungen und getanzt, wenn Platz war.

Im Jahre 1887 kam mein Bruder mit 28 Jahren wieder zur Stellung, wurde behalten, er durfte aber nicht mehr aktiv einrücken, sondern er machte nur mehr drei Waffenübungen. Im Jahre 1888 heiratete mein Bruder die Weinhauerstochter Theresia Knoll.

Das war auch ein lustiger Tag und eine noch lustigere Nacht. Bis zum Morgen gab's eine Gaudi, eine Hetz und Lachen zum Bauchaufspringen. Ich selbst war Junggeselle und führte zwei kleine Mädchen vom Müllermeister Josef Piller, Ida und Berta, da hab ich mich geschmissen!

In der Schule.
Die guten Lehren des Katecheten Eigner.
Warum der Berndl Leopold nicht Schuster werden wollte und warum sich der Mesner gar so tief verneigt hat.
Vom Ministranten zum Hausknecht.

Im Jahre 1873, am 3. November, bin ich in die Volksschule eingetreten. Die erste Klasse war damals im Rathaus im zweiten Stock untergebracht. Unser Lehrer in der ersten Klasse war Josef Hanninger, der es gut verstand mit Kindern umzugehen, und für den ich mein ganzes Leben ein gutes Gedenken habe. Ich weiß es noch, wie wir von ihm in der I. Klasse bei Schulbeginn einige Male Katarrhzelteln[11)] bekamen, die er selbst Bank für Bank verteilte.

Nächstes Jahr, 1874, kam ich in die zweite Klasse, erste Abteilung, zum Oberlehrer Michael Wurmbauer, da ging's schon in einem anderen Ton. Er hatte vier Keller voll Wein und da hatte er in der Regel täglich einen Schwips. Der hat uns mit dem Haselstock das Wissen eingedrillt, mir selbst hat er das Dividieren damit gelernt. Mit diesem Hasler hat er mir, weil ich gefehlt dividiert hatte, mein Köpfel so zerdroschen, dass ich eine ganze Woche nicht Elfe läuten gehört habe.

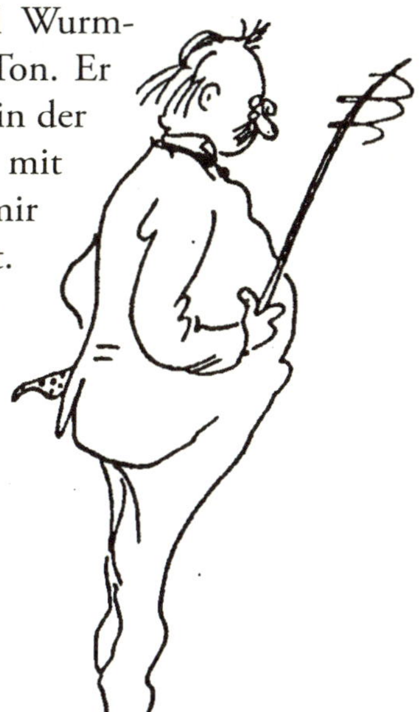

Als Katecheten hatten wir in der zweiten Klasse den Kooperator Franz Maglock, den wir dann durch sechs Jahre hatten. Sein liebstes war beim Strafen „Batzeln austeilen", *aber nervig.* 1875 kam ich in die zweite Abteilung, und es verlief dieses

Schuljahr so ziemlich wie das vorige, zumindest was den Schwips und den Haselnussenen anbelangt. Das war in der alten Schule droben bei der Kirche, wo heute die Herberge untergebracht ist, dazumal war ein Stock darauf. 1876 kam ich in die dritte Klasse, erste Abteilung. Als Klassenlehrer hatten wir den Lehrer Johann Jilge, ein Schlesier aus Troppau, etwas freidenkerisch, stand mit den Geistlichen immer am Kriegsfuß. Um ein kleines Geschenk, Eier, Butter, Würste, konnten die Bauernbuben wochenlang aus der Schule bleiben, dazumal ging das noch leicht, sonst war der Lehrer Jilge gut zu leiden.

Unser Katechet war der frühere, Franz Maglock.

Im Jahre 1877 kamen wir in die neue Schule, die das Jahr früher erbaut wurde und die sechsklassig war.

Ich kam von der dritten Klasse, erste Abteilung, in die vierte Klasse, zweite Abteilung, und so die meisten von meinem Jahrgang. Als Klassenlehrer hatten wir den Lehrer Josef Krenn, den wir sehr gern hatten, er hat uns oft Geschichten erzählt und Rätsel zum Raten gegeben, und was mir besonders gefallen hat: das Gedichteaufsagen pflegte er, die Tabakspfeife, des Feuers Macht, der Graf von Habsburg usw. Er war ein tüchtiger Turner und ein echt deutscher Mann.[12)]

Leider wurde im Lauf des Schuljahres dies schöne Verhältnis bei Schülern und Lehrer gelöst, denn im Sommer 1878 musste Lehrer Josef Krenn zur Okkupation nach Bosnien einrücken. Wir bekamen einen tschechischen Lehrer. Derselbe sprach einen besonderen Akzent und machte beim Lachen ein schiefes Maul. Wir Buben hatten das gleich heraußen und machten ihm es gleich nach. Als er es bemerkte, Gott, da hat es dann Watschen geschneit, er hat nur mit Watschen gestraft. Mich selbst hat er einmal ertappt, wie ich sein Lachen nachgemacht habe, Himmel, da hat's Watschen gegeben, ich hab's noch in Erinnerung, das war noch über Michael Wurmbauers seinen Haselnussernen, mit dem er mir das Dividieren lernte. Das Verhältnis war schlecht, und wir waren glücklich, als Lehrer Krenn wieder zurückkam von Bosnien und unsere Klasse übernahm. Er erzählte uns von den Gefechten, von dem bosnischen Volk, von ihren Sitten und Bräuchen, von Hadschi-Loya[13)], von den Schildkröten, und das war schön.

Im Herbst 1878 kam ich in die fünfte Klasse. Anton Soldan hieß unser Klassenlehrer. Er war ein kleiner, gutmütiger Mann, ich möchte sagen, er war die Gutmütigkeit selbst. Ich habe das ganze Schuljahr nicht gesehen, dass er jemals einen Schüler körperlich gezüchtigt hätte, es gab bloß Hinausstellen oder Hierbleiben. Ich habe ihm auch ein gutes Andenken bewahrt. Der Mann ist im Jahr 1933 in Ober-Hollabrunn gestorben, über 90 Jahre alt.

1879 kam ich in die sechste Klasse, wo ich bis zum Austritt verblieb. Oberlehrer Paul Nothaxberger war unser Klassenlehrer, ein strenger, aber gerechter Mann, deutsch bis in die Knochen, folglich mit dem Klerus immer auf Kriegsfuß.[14)] Dieser Mann, den ich achte bis über das Grab hinaus, hat mir meinen geistigen Weg gewiesen, den ich heute noch gehe und gehen werde bis zum Ableben.

In den Zwanzigerjahren habe ich ihn besucht in Wien, 18., Hans-Sachs-Gasse 3. Er war schon ein schneeweißer Greis, er hatte eine große Freude an meinem Besuch, und ich freue mich selbst noch heute darüber. Als Katecheten hatten wir Georg Eigner, ein Hanftaler, nachmaligen Propst von Staatz. Er war sehr streng, jedoch ich kam gut draus, da ich der beste Schüler in der Religion war und er mich deshalb gut leiden mochte. Er sprach auch mit meiner Mutter, dass sie mich studieren lassen sollte, selbstverständlich auf einen Geistlichen. Leider

fehlten meiner Mutter dazu die Mittel, und es wäre ohnehin nichts Gescheites worden, nämlich in punkto Weltanschauung. Eins ist mir von diesem Katecheten noch lebhaft in Erinnerung und steht deshalb hoch in Ansehen bei mir! Die letzten Lehren, die er uns beim Austritt gab, waren die: Zu den Mädeln sagte er: „Mädeln, wenn ihr einmal Hausfrauen seid, lasst die Milch, wie sie ist, gebt kein Wasser darunter, ich bitte euch darum.“ Und zu uns sagte er: „Buben, eins möchte ich euch ans Herz legen: wenn ihr einmal selbst Weinbauern seid, lasst den Wein, wie ihn der Herrgott wachsen lässt, ich bitte euch darum.“ Dies war das Wertvollste, was ich je in einer Religionsstunde gehört habe. Am 1. April 1881 wurde ich vom Schulbesuch befreit und trat hinaus ins offene, arbeitsreiche Leben.

Zuerst sollte ich Schuster werden, aber das wollte ich nicht, weil zu den Schusterbuben immer gerufen wurde: „Schuster, spei's Kind an, Schusterkneip, der seinen Pamp selbst speit.“ Ich wurde ein Weinhauer. Nebstbei nahm ich jede Gelegenheit beim Schopf, wo ein paar Kreuzer zu verdienen waren. So habe ich im Jahre 1881 und 1882 beim Fleischhauer Lorenz Schindler die Schafe gehütet von August bis Allerheiligen. Da bekam ich für die Woche einen Gulden.

Als ich fünfzehn Jahre alt war, da kam einmal die Hibl „Fraumahm“ zu uns, das war die Frau, die den Leuten die kleinen Kinder brachte, die sie alle aus dem Bach mit dem Rechen herausfischte, später aber dieses Geschäft dem Storch abtreten musste. Diese Frau war damals bei allen die „Hiblfraumahm“, und die wollte mich für ihren Sohn, für ihren Schani, der Kaufmann in Ottakring war, als Lehrjunge haben. Ich war sofort Feuer und Flamme und sah mich schon im Geist als zukünftigen Wiener Kaufmann, der Mutter war's auch recht, aber ich hatte die Rechnung ohne den Wirt gemacht: meinem Bruder, dem war's nicht recht, er sagte: Du kannst den Bettelleuten das Brot abkaufen, dann bist auch ein Kaufmann, bleib dahoam und orbeit! Und das hab ich dann auch getan.

1885 war ich Weingartenhüter in Waldbergen und 1886 in Kirchbergen Oberhüter.[15)] Außerdem ging ich in Taglohn zu den Bauern, wenn Zeit war, und auch nach Mistelbach Ochsen holen für Fleischhauer Schindler, als bei uns die Bahn noch nicht war.

Als Ministrant

Im Jahre 1877 kam ich zum ersten Mal zur heiligen Beichte. Im selben Jahre, im Februar, hab ich zum Ministrieren angefangen und ministrierte bis zum 12. März 1881. Mesner war dazumal der Handschuhmacher Anton Ozlon, der auch bei der Kirche begraben ist. Ich war mit Leib und Seele dabei. Ich war ein Streber, das Latein hatte mir's angetan. Ich war täglich der erste droben bei der Kirche. Das hat dem Mesner gepasst, denn wenn er mich klopfen hörte, so kam er schon herabgeschlurft über die Stiege und reichte mir das Flaschl heraus und das Geld dazu, da musste ich ihm beim Kaufmann Constantin Kobsin einen Branntwein holen. Damals öffneten alle Geschäftsleute schon um 5 Uhr früh, auch im Winter. Dieses Flaschl hatte einen langen schmalen Kragen, den trank ich immer aus, dann reichte ich ihm's von weitem hinein, damit er nichts riecht von meinem Mund. Dann musste ich in der Kirche und Sakristei helfen alles herrichten, und wenn der Pfarrer zur Messe kam, da stellte sich der Mesner bei der Türe auf und grüßte: „Guten Morgen, Hochwürden, wünsch guten Morgen!" Dabei beugte er sich, dass der Kopf bis unter die Knie kam. Ich konnte schon damals mit elf Jahren nicht fassen, wieso sich ein Mensch vor dem andern bücken muss! Heute weiß ich es: er hat sich nur darum so tief gebückt, dass der Pfarrer den Branntwein nicht schmecken soll.

Weil ich ein eifriger Ministrant war, so hab ich beim Mesner und auch bei die geistlichen Herren viel gegolten und wurde deshalb aufgefordert, die anderen zu belehren, wie man bei der Handlung[16)] alles richtig macht und wie man die Ministrantur richtig ausspricht, denn so mancher Bub sagte einen richtigen Unsinn daher. Auch wurde ich von verschiedenen Müttern eingeladen, ihren Buben im Haus die Ministrantur und das Minis-

trieren zu lehren. Das war so eine Art Hauslehrer. Da wurde ich dann in der Regel bewirtet, meistens mit Kasbrot oder Butterbrot. Das Mittagläuten um elfe und um zwölfe, das dem Mesner zugehörte, übergab er mir auch und zahlte mir dafür sechs Kreuzer für die Woche, das war täglich ein Kreuzer. Dieses Geschäft habe ich einige Jahre betrieben zur vollsten Zufriedenheit dieses versoffenen Mesners. Heute staune ich selbst darüber, dass ich so dumm war. Wir mussten das ganze Läuten besorgen und habe ich deshalb den Turm unzählige Male abgeklettert. Für das ganze Ministrieren und Läuten bekamen wir zu Georgi, 12. März, im ersten Jahr 50 Kreuzer, im zweiten Jahr einen Gulden, im dritten Jahr einen Gulden 50 Kreuzer, im vierten und fünften Jahr zwei Gulden, das war das Maximum, höher ging's nimmer. Im Jahre 1881, kurz vor Schulaustritt, hatte ich meine letzte Auszahlung und sollte zwei Gulden bekommen; meine Mutter hatte schon

Plan gemacht, ich sollte einen neuen Spenser bekommen (doch mit des Schicksals finsteren Mächten), ich bin nämlich kurz zuvor zu einem Begräbnis nicht erschienen, so sagte der Herr Provisor Franz Maglock: „Der Berndl war nachlässig, er bekommt nur einen Gulden." Wenn er mich bei den Ohren genommen hätte, das hätte ich ruhig ertragen, aber einen Gulden vom Lidlohn abzuziehen, einen ganzen Gulden, die Hälfte vom Jahreslohn, und jetzt keinen neuen Spenser! Dieser Herr Provisor war sechs Jahre mein Katechet und hat mich gelehrt: Wer den verdienten Lidlohn vorenthält oder entzieht, begeht eine Todsünde, er kommt in die Hölle. Obwohl ich später, als er Pfarrer in Poysdorf war, öfter mit ihm ein Gespräch hatte und in meinem Gehirn dabei der Gulden spukte, bekommen hab ich ihn doch nimmer. Vielleicht hat er's gebeichtet.

Das sind meine wichtigsten Erlebnisse aus meiner Ministrantenzeit, die mir noch lebendig im Gedächtnis sind. Vielleicht muss ich aber auch von dem neuen Rock erzählen, den mir das Ministrieren eintrug.

Da fragte einmal die Kaufmannswitwe, Frau Schwedt, den Mesner, wem dieser Bub gehöre. Ich soll mit ihm in ihr Geschäft kommen. Das war das Geschäft, das heute dem Heinrich Schwager gehört. Als wir hinkamen, schnitt mir die Frau Schwedt von einem Ballen ein Stück Zeug herunter auf einen neuen Rock. Da sie täglich in die Messe ging und mich ministrieren sah, so wollte sie mir eine Freude machen, wie sie sagte. Es dürfte aber mein Röckl hübsch abgetragen gewesen sein, so dass ein neues schon notwendig war. Wie dem auch sei, gefreut habe ich mich.

Gemacht hat mir den Rock die Schamann-„Frau Mahm", ein Weib mit 73 Jahren, gepasst hat er schlecht, der Kragen ist hinten weit weggestanden, ein Rockflügel war etwas länger, oder einer kürzer, man kann's nehmen, wie man will.

Jetzt hat meine Mutter angefangen, daran herumzurichten, die hat die Geschichte noch ganz verhunzt.

Wie ich das erste Mal ministrieren ging, da hat mich der Mesner angeschaut von hinten und von vorn und sagte: „Der Kragen ist zu weit." Wie ich dann ministrierte, hab ich mich recht würdig benommen, damit die Frau Schwedt sieht, dass sie keinen Unwürdigen beschenkt hat. Ich hab zwar öfter beim Rock vorne angezogen, damit der Kragen nicht so weit wegsteht, aber sie wird's doch gesehen haben. Gar besonders entzückt dürfte sie nicht gewesen sein.

Mit diesem meinem neuen Rock bin ich einmal mit meinem Kameraden, dem Ließ Klemens, ins Feld gegangen zu seinen Eltern in die Höbertsgrub. Sein Vater gab uns Zündhölzer, wir sollen das dürre Unkraut und die Maisstängel anzünden.

Das haben wir gern besorgt, dabei ist mir der halbe Rock verglost, ein Ärmel und hinten alle zwei Rockflügel, der Kragen war gut. Ich musste den Rock ausziehen und unter dem Arm nach Hause tragen, zum Reparieren war er nicht mehr. Selbstverständlich hab ich draufgekriegt.

Als mich der Mesner fragte, warum ich den Rock nimmer anziehe, sagte ich: „Weil er mir zu groß ist, bis ich hineingewachsen bin."

Nach dem Ministrieren war ich dann längere Zeit bei die Läuterbuben, da mussten wir bei jedem Begräbnis läuten und beka-

men dafür jedes Mal zehn Kreuzer, außerdem gingen wir in diese Häuser, wo das Leichenbegängnis war, um ein Trinkgeld fechten, wo wir in der Regel auch zwei Kreuzer bekamen, mitunter etwas mehr, so beim Asperger Matthias auf dem Hause in der Körnerstraße, das zur Zeit dem Anton Taubenschuß gehört (momentan seiner Witwe), bekamen wir jeder zehn Kreuzer.

Bei diesem Ausläuten ist einmal etwas passiert, was ich der Vergessenheit entreißen muss. Als wir vom Turm hinunterschauten, wie sich der Mesner Anton Ozlon mit Decke und Polster unter dem Akazienbaum zu einer Mittagsruhe niederlegte, schrie gleich ein vorlauter Bub, der Kleibl Stefan, hinunter: „Rozlampen, tats läuten!" Dieses Rozlampen war abgeleitet von seinem Namen Ozlon und wenn er uns ins Läuten schickte, so sagte er immer: „Tats läuten." Er sprang auf und drohte mit der Faust herauf. Dem Steffel war das noch zu wenig, er nahm ein Mörtelbröckel, warf es hinunter und zum Unglück traf es ihn ins Gesicht. Jetzt kam er mit Sturm herauf. Ich blieb ruhig stehen, dachte, was kann mir geschehen, ich bin doch unschuldig. Die anderen Buben kletterten alle aufs Glockengerüst, die konnte er nicht erreichen, so verabfolgte er mir ein ganzes Gesicht voll Watschen mit seine knöchernen und schmierigen Hände, dass mir Hören und Sehen verging. Als er dann heraus hatte, dass er mir Unrecht getan, so entschuldigte und bedauerte er. Aber ich hab sie einmal oben gehabt und kein Papst nahm sie mir herunter. Dazumal hat es mich gereut, dass ich diesem versoffenen Lumpen hundertmal einen Branntwein geholt habe. Dieser Anton Ozlon starb im Jahre 1889 an Säuferwahnsinn. Bei diesem Ausläuten pflegten wir auch schon das Rauchen. Den Tabak kauften wir beim Trafikanten Angerles am Dreifaltigkeitsplatz. Wir hatten kleine irdene Pfeifen um zehn Kreuzer, da stand drauf: „Auf ewig!" Die waren gut fürs Kreuzweh: wenn eine zu Boden fiel, brauchte man sich nimmer drum zu bücken.

Als dann mein Bruder geheiratet hatte und ich allein zu Hause bei der Mutter war, da ging's mir gut, es waren meine schönsten Zeiten! Ich hatte aber ein riesiges Verlangen, einmal in die Fremde zu kommen, war aber keine Möglichkeit wegen der Arbeit zu Hause. Ich habe mir aber die Erlaubnis dazu selbst genommen. Ein Freund von mir, Georg Erger, wurde dieses Jahr assentiert und musste am 1. Oktober einrücken. Er war in Altmannsdorf in der Breitenfurterstraße in einem Gasthaus bedienstet. Zu diesem fuhr ich an einem Sonntag hinein, nahm seinen Posten auf, fuhr wieder nach Hause und in vierzehn Tagen darauf, am 8. September 1889, trat ich meinen Dienst als Hausknecht an.

Was ich in diesem Gasthaus gesehen, gehört und erlebt habe, war schon etwas. Ich war wie aus den Wolken gefallen. An Sonntagen da hatten wir in der Regel Tanzunterhaltung, wobei ein Schrammelquartett aufspielte. Als Gäste hatten wir die Perlmutterdrechsler und burgenländische Arbeiter, so genannte Heanzen. Man stelle sich vor einen Menschen, der sein ganzes Leben nichts gekannt hat, als die ganze Woche fleißig arbeiten, am Sonntag in Predigt und Hochamt gehen und darnach ausrasten wieder für die nächste Woche und jetzt plötzlich unter Leuten ohne Moral, den meisten Wochenverdienst an einem Tag durchgebracht, den Rest am Montag. Die Burgenländer waren ein lustiges Volk, aber sie waren sparsamer wie die Perlmutterdrechsler. Ganz kurz gesagt, es war ein einziges großes Gesindel mit wenigen Ausnahmen. Aber lustig war's doch! Getanzt wurde, dass der Staub aufging. Stiefelabsätze wurden verloren und die Flöh haben sie auch die meisten abgebeutelt. Das Tanzsalettl war mein Schlafraum, da wanderten sie mir alle zu. Ende September hatte ich so viele Flöh, dass es mich heute noch wundert, dass sie mich nicht aufgefressen haben. Wenn es die Kellnerei zuließ, so tanzte ich mit die Burgenländer Mädel. Besonders eine, die Hafner Mariedl von Steinamanger, die ein recht hübsches, nettes Mädel war, lud mich zu einem Tanz öfters ein, sagte immer, ich soll sie einmal besuchen. Ich habe sie nicht besucht, ich habe mich nicht getraut. Es war besser so.

Der Wirt hieß Fritz Müller, ein ehemaliger Feldwebel beim Linzer Hausregiment Nr. 14, ein ausgesprochener Narr und Säufer.

Einen Tag soff er Wein, den anderen Tag Bier, den dritten Branntwein und den vierten Wasser. Das hielt er regelmäßig und genau ein. Die Frau war krank, hatte einen offenen Fuß und starb, noch während ich dort war. Die zwei Kinder waren auch nicht viel wert. Das Geschäft ging langsam nieder. Eine Köchin war auch im Hause, die Leni, eine Lotterieschwester, der hat alle Nacht geträumt, und am Morgen dann hat sie den Traum ausgelegt. Die hat ihren ganzen Lohn versetzt, gewonnen hat sie nichts; diese Leni war eine krachdürre ältere Person mit etlichen tiefen Längsfalten im Gesicht; sie wäre auch feil gewesen, aber wir kauften nichts.

Nach dem Tode der Frau Müller war diese Leni die Erkorene des Herrn Fritz Müller. Als aber die Sache brenzlich wurde, da hätte er sie dann anderen offeriert. Es sind das Geschichten, die nicht als Witz betrachtet werden sollen, sondern als eine Mahnung an junge Leute, die, wenn sie in die Fremde gehen, bedenken sollen, in welcher Gefahr sie in einem solchen Herrendienst schweben. Sonst ging es mir gut, ich habe mir während dieser Monate, die ich dort war, einen neuen Anzug gekauft und etwas Wäsche und fünfzig Gulden erspart. Außerdem habe ich die Erfahrung gemacht, dass die Weinhauerei doch etwas Wertvolleres ist als so ein Geschäft mit Schrammeln, verlorene Stiefelabsätze und abgebeutelte Flöh. Im März kam ich dann nach Hause, ganz glücklich, wieder im eigenen Heim zu sein. Auch die Mutter hatte eine Freude.

Wie der Berndl Poldl zur Firmung kam

Ich bin in Wien gefirmt worden, bei St. Stephan. Gott sei Dank. Wir waren fünf Firmlinge und die Göden und Godeln dazu, zusammen neun Personen. Mein Firmgöd hatte ein Gespann und führte uns auf einem Bauernwagen nach Wien zur Firmung. Das war meine erste Weltreise, das war am 16. Mai 1880. Pfingstsamstag bei Sonnenaufgang fuhren wir von zu Hause weg, durchdrungen von einer großen Ehrfurcht für den Herrn Göd und mit dem festen Vorsatz, immer recht brav zu sein. Meine Mutter war noch recht fürsorglich. Ein ganzes Bündel Brot und Selchfleisch packte sie mir in ein Sacktuch zusammen, außerdem gab sie mir 39 Kreuzer mit. Diese Summe von 39 Kreuzern, es war ein Zwanziger, ein Zehnerl und neun Kupferkreuzer, die band sie mir in einen Sacktuchzipfel und das Sacktuch selbst nähte sie mir an der Innenseite des Rockes neben der Seitentasche an. So war ich ausgerüstet. In Schrick haben wir Frühstück eingenommen, die Pferde getränkt und in Wolkersdorf zu Mittag. Während der Rast in Wolkersdorf war ein großes Gewitter. So um 5 Uhr waren wir in Floridsdorf. Im Gasthaus „Zu Erzherzog Johann“ nahmen wir Herberge.

Wir Firmlinge: Rieder Johann, Fröschl Josef, Fröschl Karl und meine Wenigkeit unternahmen gleich eine Forschungsreise zur Alten Donau; da, wo heute der schöne Wasserpark ist, da stiegen wir in eine Zille hinein und schaukelten so stark, dass der Fröschl Josef das Übergewicht bekam und ins Wasser stürzte. Da hat er einen Seufzer gemacht, den hör ich heute noch. Wir halfen ihm heraus und gingen in unsere Herberge zurück, die Lust zum Schinakelfahren war vorbei, und der Firmling musste getrocknet werden.

Am Pfingstmorgen gingen wir zu Fuß frühmorgens in die Stephanskirche zur Firmung. Da hatte ich schon öfters gehört, dass

in der Stephanskirche ein Christus ist, dem der Bart wächst; diesen wollte ich sehen um jeden Preis. Als ich gefirmt war, sollte ich noch ein langes Gebet verrichten, um den Heiligen Geist herabzuflehen. Ich unterließ das Beten, ging aus der Reihe auf die Suche und fand ihn wirklich, aber der Bart wächst ihm nicht, sondern der wurde ihm gemacht. Ich bekam dann vom Geistlichen eine Rüge, weil ich mein Gebet nicht verrichtet hatte und aus der Reihe ging. Mein Forschungstrieb war eben stärker wie der Glaube.

Nach der Firmung gingen wir zu Fuß in den Prater. Da wurden wir immer aufmerksam gemacht auf die Taschendiebe. Jeden, den wir sahen, hatten wir im Verdacht, dass er stehlen will, und jedes Mal machte ich einen Griff nach meiner Seitentasche, ob der Sacktüchelknopf mit die 39 Kreuzer noch vorhanden ist. In der Rotunde aßen wir zu Mittag. Ich bekam ein Gulasch und wusste mir keinen Rat, wie ich das ohne Löffel essen soll. Mein Göd sagte: „Das musst du mit der Semmel auftunken!" Es ist leidlich gegangen, aber ein Würstel wäre mir lieber gewesen. Schon nach der Firmung am Stephansplatz, wo so viel Zuckerstandln waren, glaubte

ich, dass mir der Herr Göd Lebzelten kaufen wird, doch nichts dergleichen. Die anderen Firmlinge, meine Kollegen, hatten schon jeder ein Bündel im Sacktuch eingebunden in der Hand, das konnte ich nicht begreifen, denn ich hielt doch das für das Wichtigste. Ich tröstete mich: es wird schon kommen. Wir gingen jetzt zu Fuß wieder zurück nach Floridsdorf, durch die Praterstraße hinauf, durch das Menschengewoge, da habe ich öfters nach meinen 39 Kreuzern gegriffen. In der Unteren Donaustraße da waren auf einem Haus Figuren im Adamskostüm, da blieben wir stehen und schauten hinauf. Sagte mein Göd: „Schaut's, dass weiter kommt's, die Weaner, das sind Säu!" Ich bin aber noch länger stehen geblieben und habe hinaufgeschaut, bis mir das Genick wehgetan hat, mir hat's gefallen. Jetzt hätte ich die Gesellschaft bald verloren. Als ich sie bereits eingeholt hatte, ließ ich mir Zeit und holte mein Vermögen aus der Seitentasche heraus, ich wollte mir etwas kaufen. Das war aber leicht gedacht. Der Tüchlzipf war so fest gebunden, dass ich die Zähne zu Hilfe nehmen musste. Wie sorgsam eine Mutter ist. Die neun Kreuzer habe ich mir herausgenommen und habe mir dann am Wallensteinplatz bei einem Zuckerlstandl mehrere Stücke gekauft. Damals konnte man solche Sachen um ein bis zwei Kreuzer kaufen, damals fragte man in der Regel: „Wie viel kriegt man um einen Kreuzer?"

In der Jägerstraße habe ich dann die anderen eingeholt und wir gingen auf die Taborbrücke zu, da habe ich vor der Brücke ein Zehnerl gefunden, jetzt hatte ich vierzig Kreuzer. In Floridsdorf bekamen wir noch eine Jause, dann brachen wir mit unserem Fuhrwerk auf. Vor Stammersdorf brach ein Gewitter los, ein

Wolkenbruch. Da regnete es ein auf uns zum Ersaufen. Beim neuen Wirtshaus brach uns ein Rad; der Wirt borgte uns eins, so konnten wir wieder weiterfahren.

Als wir gegen Eibesbrunn fuhren, kam aus dem Kornfeld ein Bub heraus, der Zangl Poldl, der ist zur Firmung nach Wien gegangen, hat drinnen seinen Göd verloren und musste allein wieder nach Hause gehen, den ließen wir mitfahren; der hatte Hunger, ich gab ihm mein Bündel, das mir meine Mutter eingepackt hatte; ich selbst hatte es noch gar nicht berührt. Wer wird denn bei der Firmung ein angeräuchertes Fleisch essen? Es war ohnehin alles zertreten, aber der Zangl Poldl, der hat sich einen guten Tag angetan. Schnaps hatte mein Göd auch mit in der Soldatenfeldflaschen, die einmal mir gehört hat; der wurde öfters herumgereicht; wir Buben wurden schon laut und keck. So um Mitternacht kamen wir nach Hause.

Nächsten Sonntag war ich zum Essen geladen: einen Maria-Theresien-Taler, ein Gebetbuch und – Lebzelten. Schön war's und lustig auch. Aber das Schönste war doch dies: 39 Kreuzer hat mir meine Mutter mitgegeben und 40 Kreuzer habe ich nach Hause gebracht.

Vom Fensterln und vom Kukuruzauslösen. Von Hexen, Geistern und Gespenstern und wie man sich bei den Burschen „einkaufen" muss

Heute gehen auch die Hauer- und Taglöhnerburschen ins Kaffeehaus Billard scheiben, wenn auch bei manchem der Schuh löchrig ist, das macht aber nichts, den braucht man nicht bei diesem Spiel. Früher kamen die jungen Burschen in einer Kammer, in einem Pferdestall, in einer Werkstatt oder in einer Küche zusammen Karten spielen oder Geschichten erzählen. Am unterhaltlichsten war es in einer Schusterwerkstätte. Da wurde erzählt, gelogen, gelacht, geraucht, gespuckt und noch etwas, das kann ich aber nicht aufschreiben, dass öfter die Petroleumlampe auslöschte. Behauptete einmal einer, das sei von der schlechten Luft. Wenn sich dann nach neun einer oder der andere verlor, sagten die andern: „Um Neune geht jeder zu der Seinig'n, und der koane hot, der hat's rot" (braucht oder kann nicht fensterln). Einmal waren wir von einem Altersgenossen geladen in seinen Pferdestall. Wir saßen da bei einer Öllampe und plauderten so gemütlich. Auf einmal sagte unser Gastgeber: „Nau, plaudern können wir in der Finstern a." Und schon macht er's bff und die Funzen war verlöscht. Wenn ich manchmal dran denke, dann fällt mit immer eine Geschichte ein, die ich einmal gelesen habe.

Ein alter Geizhals nahm Schüler und unterrichte sie gegen Bezahlung im Geizigsein. Saß er einmal mit einem seiner Schüler beim Öllicht und belehrte ihn, dass man im Finstern auch plaudern kann, und blies die Lampe aus. „Großartig, Herr Meister", sagte der Schüler, „das werde ich immer befolgen." Als es finster war, hörte der Meister den Schüler immer jucken. „Was machst du?", fragte er. „Ich zieh mir die Hosen aus, damit ich's nicht abwetze beim Sitzen." „Du", sagte der Meister, „du brauchst kein Lehrgeld zahlen, du kannst ohnehin mehr wie ich."

Auch wurde früher, besonders in den Sommernächten, das Singen gepflegt. Besonders Almlieder, und das war schön. Ich weiß nicht, ist's Einbildung, ich höre heute kaum mehr singen und das wenige ist auch nichts Besonderes, es ist ein Gejohle und ein Geschrei und dann ein Laufen, wenn sie die Polizei spüren, denn zurzeit kostet es jeden, der von der Polizei gestellt wird, zwei Schilling Strafe. Früher wurde jeder, der beim Lärmmachen ertappt wurde, bis zum Morgen in den Arrest gesteckt, das war doch billiger. Mein Bruder schrie einmal am Dreifaltigkeitsplatz Juhu, lief ihm der Gemeindediener Jakob Bonner nach und hieb ihm mit seinem Rohrstock, wo ein Bleiknopf dran war, eins am Kopf, dass er stürzte und sich den Arm brach – das war wieder teuer.

Einmal sangen ich und ein Kamerad über den Marktplatz zweistimmig das Lied „Dirnderl tiaf drunt im Tal“, begegneten uns einige Ratsherren und sagten: „Euch wird man nicht einsperren, für solches Singen sollte man euch beloben.“ Es gibt wirklich nichts Schöneres als in stiller, mondheller Nacht schönen Gesang.

Früher war das Fensterln etwas Selbstverständliches; ob es heute auch noch so ist, weiß ich nicht, denn ich geh nimmer, weil ich in neun Wochen schon siebzig Jahre alt bin, aber wahrscheinlich sind die Dirndeln heute auch noch so dumm, steigen aus dem warmen Bett und erfrieren beim Fenster. Da waren rohe Burschen, die es wohl immer drunter gibt, die suchten sich eine aus, lockten sie zum Fenster her, taten ihr schön und banden sie dabei mit einem Strick ans Fensterkreuz, dann trommelten sie den Bauern heraus und liefen davon.

Schöne Unterhaltung war's und ist's noch beim Kukuruzauslösen. Da saßen Burschen und Mädel durcheinander, da wurde erzählt, gesungen und wenn ein roter Kolben gefunden wurde, da wurde der Nachbar oder die Nachbarin geküsst. Auch wurde, wenn ein brandiger Kolben gefunden wurde, jemand schwarz gemacht, das gab aber oft langen Verdruss. Nach dem Auslösen wurden dann in guten Häusern in der warmen Küche die Helfer mit Brot, Wein und Obst bewirtet, und auch die Unterhaltung wurde noch lange gepflegt, so dass es oft nach Mitternacht wurde.

Einmal waren wir helfen in einem Haus, das bekannt war „nix hergeben"; das dauerte bis um zwölf Uhr ohne Unterhaltung, die Hausfrau meinte, wir sollen singen „Großer Gott, wir loben dich", wir wollten aber nicht. Darnach wurde uns aufgewartet mit hartem Brot und eingeschrumpften Äpfeln; sagte mein Freund, der Ließ Klemens: „Denen sch... ich mehr was! Bis um Zwölfe auslösen, heilige Lieder singen für ein paar raunzige Äpfel, die sie schon vor dem Blühen zusammengeklaubt haben."

Am schönsten war es beim Federnschleißen. Da war alles vertreten, junge Burschen und Mädel und viel alte Weiber. Die Jungen saßen beisammen, denn da ging's auch ums Küssen. Wenn eine Busslfeder gefunden wurde, so musste geküsst werden. So mancher brachte da nicht den Mut auf, aber er musste, er wurde dazu gedrängt. Da machte mitunter so ein Trau-mi-nit eine rechte Jammerfigur, da gab's dann ein Gelächter.

Das Geschichtenerzählen, besonders Geister- und Hexengeschichten, so beim warmen Ofen, beim Dämmerlicht etwas Grusliges, das hat seinen besonderen Reiz. Die alten Weiber beherrschten da das Feld, die waren damals alle mit Hexenglauben behaftet, sie glaubten es wirklich, brachten Beweise, und man konnte sie ordentlich in Saft bringen, wenn man sagte, das ist nicht wahr, keine Hexen gibt es nicht. Ich glaubte es nicht, aber gehört habe ich's gerne und gefürchtet hab ich mich auch. Es war nicht so einfach, wenn's einmal finster war, in den Hof zu gehen, da musste schon wer mitgehen. Auch Männer waren darunter, die fest und steif behaupteten, dass es Hexen gibt und dass es da und dort umgeht. Mancher verschwor seine ewige Seligkeit, dass er's selbst gesehen hat, sogar Zeugen wurden genannt, die dabei waren, und Gott soll mich strafen, wenn's nicht wahr ist. Aber Gott hat keinen gestraft, und wahr war's auch nicht. Erzählt wurden unzählige, und einige habe ich noch im Gedächtnis und die will ich zum Besten geben. Die Hexengeschichtenerzähler wussten auch Bescheid, wer gehext hat, und die Häuser, wo sich Hexereien zugetragen haben, aber das ist mir meistens entfallen.

Da war ein Ehepaar in Poysdorf, wo sich das Weib alle Samstag vor Mitternacht entfernte und erst nach Mitternacht zurückkehrte, ohne zu sagen, wo sie war. Der Mann, der neugierig war, lauschte sie einmal ab, und da sah er, wie sie in der Küche unter dem Rauchfang sich auf die Ofengabel ritt, ein Hexenkreuz machte und sagte: „Hinaus und ninerscht an“ (nirgends an). Das hat er schlecht verstanden, denn als sie fort war, so nahm er eine zweite Ofengabel, die wahrscheinlich in Reserve war, ritt sich darauf und sagte: „Hinaus und überall an.“ Die Ofengabel hob ihn vom Boden in den Rauchfang, jedoch stieß er überall an, wie er's

in seinem sagte, und war ganz blutig zerstoßen und zerschunden, als er zum Rauchfang hinaus war, und fort ging es durch die Lüfte, ohne zu wissen, wohin. Endlich landete er in Feldsberg am Hexenstadl, wo alle Hexen versammelt waren und ihren Hexensabbat feierten. Ob der Mann beim Hexentanz mitreigte, ob beide dann mitsammen durch die Lüfte auf der Ofengabel nach Hause geritten sind, bei Rauchfang oder sonst wo ins Haus hinein sind, das weiß ich nimmer.

Das eine ist mir noch im Gedächtnis, dass die Erzählerin sagte: „Bei der nächsten Ausfahrt durch den Rauchfang sagte er: ‚Hinaus und ninerscht an.'"

In einem Hause in der heutigen Brunngasse ging einmal zu Weihnachten alles zur Mette, nur der Knecht blieb verstohlen zu Hause, um sich, während der Bauer in der Mette war, im Keller einmal gründlich anzutrinken. Als er dann aus dem Keller herauf gehen wollte, da schoss plötzlich ein grelles Licht auf und ein Etwas stand dorten und warf lange zuckende Schatten. Als er in seiner Angst länger hinblickte, sah er, dass es ein Ziegenbock mit langem Bart und Hörnern war, der ihm den Weg verstellte und Miene machte, mit gesenktem Kopf einen Stoß gegen ihn zu führen. Er nahm noch seine ganze Kraft zusammen und flüchtete sich hinter die Fässer, wo er in Ohnmacht fiel. So fand ihn der Bauer nach der

Mette. Als ihm der Knecht das Abenteuer erzählte, vereinbarten sie bis zur nächsten Christmette zu schweigen und zu warten, ob sich dieser Spuk nochmals zeigt. Und wirklich, bei der nächsten Mette war wieder dasselbe. Jetzt meldeten sie es dem Pfarrer. Der riet ihnen zu graben, den Schatz herauszuheben und dafür einen geweihten Rosenkranz hineinzulegen. Sie befolgten den Rat und fanden wirklich einen ganzen Topf voll Gold. Ob Gold- oder Silbergeld, das wusste die Erzählerin nicht mehr recht, jedoch der Ziegenbock kam nicht mehr.

Ein Spenglergeselle, den meine Eltern gut kannten, weil er öfter beim Kirchendach oder Turm Reparaturen machte und sie selbst beim Kirchendienst waren, der erzählte ihnen auch so ein Erlebnis. Wie meine Mutter sagte, war dieser Spengler ein glaubensloser Freigeist und sagte immer, es gibt keinen Himmel und keine Hölle. Ich sagte dazumal, obwohl ich noch jung war, dieser Spengler war deshalb nicht glaubenslos, andere glauben bummfest, dass es Himmel und Hölle gibt und er glaubt bummfest, dass es Himmel und Hölle nicht gibt. Also glaubt er, wenn auch anders. Er erzählte meinen Eltern, dass er in der Gruft in der Nische unter der Stiege Blech heraussuchte, um zu reparieren. Plötzlich bewegte sich hinter ihm etwas, er sah sich um und vor ihm stand ein Pilger, staubig, mit schwarzem Mantel, langem weißen Bart, gebräunt und gefurchtes Gesicht, hohem Pilgerstab und Rosenkranz, auf dem Kopf breitkrempigen Hut und sagte laut und deutlich,

dass es in der Gruft widerhallte: „Gelobt sei Jesus Christ." Der Spengler war ganz starr vor Entsetzen, doch raffte er seinen ganzen Mut zusammen und fing zum Laufen an, stiegenaufwärts, dem Ausgang zu, der Pilger ihm nach. Als er das Freie erreichte, machte er einen Blick zurück, sah ihn noch stiegenaufwärts laufen und dann war er verschwunden. Ob er dann geglaubt hat, dass es Himmel und Hölle gibt, war meiner Mutter nicht bekannt. Ich denk, es wird sich nicht viel geändert haben bei ihm.

Im Elbingerhaus, in der Laaerstraße, ging der Hausherr einmal spät nach Hause. Als er zum Freudenreich-Gassl kam, lag jemand quer über den Steig. Er wollte auf der Seite vorbeigehen – er konnte nicht; er wollte drüber steigen – es ging nicht, er war wie gelähmt. Er ging zurück, lag ein zweiter quer, wieder dasselbe. Jetzt nahm er sich einen Rand an und machte einen Satz darüber und lief, was er konnte, nach Haus. Als er schon ausgezogen im Bett lag, hörte er im Stall die Kette rasseln. Er zündete Licht an um nachzuschauen. Als er hineinleuchtete, packte ihn das Entsetzen: anstatt der Kuh hing eine Riesenkatze an der Kette und schnurrte. Der Mann lief hinein und verriegelte sich und wäre um kein Königreich mehr herausgegangen. Nächsten Morgen war wieder die Kuh an der Kette. – Dies soll geschehen sein im Jahr 1853 im Hause Nr. 8 in der heutigen Kaiser-Franz-Joseph-Straße.

Da war vor meinem Vater ein Nachtwächter, der hieß Knoll. Der musste mit einem zweiten zusammen in der Gruft die Totengebeine zusammenschlichten; die rutschten ein paar Mal zusammen, darüber wurde der Nachtwächter Knoll zornig und fluchte: „Verfluchten Teufeln, bleibts noch nicht bald liegen?" Von dieser Stunde an verfolgte ihn etwas. Wenn er nachts die Runde machte, so verstellte ihm auf der Bachbrücke, in der heutigen Trautsohngasse, jemand den Weg. Ging er über eine andere Brücke, so war's dasselbe. Kaum, dass er zur Brücke kam, schon stand schon ein behändes mageres Weiblein mitten auf der Brücke, reckte ihre mageren Arme auseinander, schaute ihm mit ihrem Vogelgesicht starr ins Gesicht und machte zischende Laute. Er war entsetzt, konnte nicht vorüber und musste zurück. Er meldete es dem Pfarrer, der gab ihm den Rat, Weihwasser mitzunehmen und die Gestalt zu besprengen. Als er am nächsten Tag zur Brücke kam, stand das magere Weiblein mit ihrem Vogelgesicht wieder auf der Brücke und wehrte ihm den Übergang. Er nahm das Weihwasser, besprengte die Gestalt, und dieselbe fiel zusammen auf ein kleines Häuflein Staub. Von da an hatte er Ruhe.

Ich selbst wusste auch Hexen- und Geistergeschichten, die nahmen einen anderen Ausgang. Ich meldete mich auch zum Erzählen, doch musste ich da lange warten; die Weiber ließen keinen zu Worte kommen, jede wollte ihre Hexenweisheit glänzen lassen. Endlich kam die Reihe an mich: Nun, so erzähl jetzt du, wir sind schon neugierig, was du kannst.

Eine wirkliche und wahre Hexengeschichte. Der Grund neben der Mühlgasse, wo heute die schönen Schrebergärten sind, war eine Wiese und gehörte zur Pointnermühle. Ging einmal ein Mann spät nachts am Mühlweg nach Hause. Da sah er auf der Wiese eine weiße Gestalt mit einem großen Bund um den Kopf mit der Sichel Gras abmähen. Er ging hinzu mit der Absicht, die Diebin zu erkennen und zu verjagen. Da reckte sich die Gestalt in die Höhe, es war ein Weib, und ging mit der Sichel los auf ihn und stieß zischende Laute aus. Er floh vor Entsetzen und war fest überzeugt, dass es eine wirkliche Hexe ist. Nächsten Tag meldete er dem Müller Pointner sein Hexenabenteuer. Der Müller stellte sich nächste Nacht mit geladenem Gewehr an auf sie und sagte: „Karneille, sag's wer Du bist oder ich schieß Dich nieder." Da ließ sie die Sichel fallen: „Um Gottes willen, nicht schießen, ich hab notwendig ein Futter gebraucht für die Kuh; ich tu's eh nimmer." Es war eine bekannte Diebin. Dies ist eine wirkliche und wahre Hexengeschichte. Aus Rücksicht auf die vielen Nachkommen davon nenne ich keinen Namen.

Den Federnschleißerweibern passte die Geschichte nicht ganz, die wollten nur von wirklichen Hexen Geschichten. Dann erzählte ich ihnen auch eine Geistergeschichte, wo's umgeht.

Kam ein Böhm nach Wien in eine Herberge um zu übernachten, sagte der Wirt: „Wir haben nur mehr ein Zimmer zu vergeben, aber da geht's um drin." „Auch wos", sagte der Böhm, „ich sch... auf umgeht, ich schlofn." Als vom nächsten Kirchturm der Hammer 12 schlug, da wurde es plötzlich hell im Zimmer, der Böhm fühlte es im Schlaf und machte die Augen auf, da stand vor dem Bett eine hohe bleiche Gestalt mit schneeweißem Überwurf, in der einen Hand ein Licht, mit dem Zeigefinger der andern winkte er ihm. Der Böhm stand ganz mechanisch auf und folgte ihm, der Geist ging verkehrt immer tiefer und winkte ihm, bis sie zu einer Kellertür kamen, die sich ganz von selbst öffnete. Jetzt sprach der Geist: „Hier an dieser Stelle ist ein Topf Gold vergraben, das gehört Dein, wenn Du's hebst, aber mich musst Du daselbst begraben und ein kleines Denkmal setzen, dann bin ich erlöst." Der Böhm grub und fand den Topf Gold, hob ihn, begrub den Geist und schaufelte wieder zu. Sein erstes war jetzt, das Gold zu zählen, doch wie er's herausleerte, sah er, dass es nur lauter Silber war; das verdross ihn und er nahm Rache. Anstatt ihm ein kleines Denkmal zu setzen, sagte er: „Wart, ich werde dir ein Denkmal setzen, weil du mich so belogen hast", und hockte sich über den Grabhügel und machte ihm einen Haufen drauf. Als er am nächsten Morgen aufstand, lag dieser Haufen in seinem Bett. Anstatt auf den Grabhügel ging's ins Bett; es hatte ihm nur geträumt.

„Och wos", hat so eine Federnschleißerin gesagt, „dos is koa gscheite Geistergschicht, weil dos is koa wirklicher Geist gwesn."

In den achtziger Jahren des vorigen Jahrhunderts kannte ich noch Weiber, die allgemein als Hexen bezeichnet wurden. Und der Grund? Sie hatten eine Kuh, die viel Milch gab, wahrscheinlich weil sie die Kuh gut gefüttert und gepflegt haben. Dumme Weiber aber behaupteten, dass sie den Nachbarsleuten ihre Kühe ausmelkt, indem sie sich ein Grastuch umhängt, an den Zipfen melkt, und dabei an die betreffende Kuh denkt. Daher der Schimpfname Butterhex. Ob's heute auch noch Menschen mit Hexenglauben gibt? Ich denk, man würde noch hie und da so ein Rindvieh antreffen.

Diese Hexengeschichten haben etwas Gruseliges und man ist im reifen Alter noch nicht ganz sicher und wird's jeder zugeben, wenn man spät nachts noch in den Keller geht, allein, und es fällt einem der Ziegenbock, das Weiblein mit dem Vogelgesicht oder ungläubigen Spengler sein Pilger ein, dass man doch lieber aus dem Keller draußen ist.

Es ist aber auch etwas Heiteres, denn wenn man die Dummheit der damaligen Menschen betrachtet, dann muss man heiter werden. Zu entschuldigen wären diese Menschen wohl, da sie unwissend waren und ihnen nicht die geringste Aufklärung zuteil wurde und sie womöglich von einer gewissen Macht in diesem Bann gehalten wurden. Über eins studier ich schon mein ganzes Leben, dass die Stellvertreter des Allwissenden nicht gewusst haben, dass es keine Hexen gibt.

Der Großinquisitor Torquemeda[17]) ließ von 1483 bis 1498, also in 15 Jahren 8800 Menschen verbrennen. Ein Statistiker, Llorente mit Namen, berichtet, dass in Spanien allein von 1481 bis 1808 32.912 Menschen am Scheiterhaufen verbrannt wurden. Heute wäre es schlecht für die Hexen, in Feldsberg ihren Sabbat zu feiern, da müssten sie jedes Mal eine Grenzüberschreitung haben.

Ich habe mich jetzt ziemlich lange bei der Hexerei aufgehalten und will noch einmal zurückkommen auf die Geselligkeit der Bauernburschen.

In den fünfziger Jahren des vorigen Jahrhunderts war es Brauch und Sitte, dass sich jeder Bursche, wenn er 18 Jahre alt war, einkaufen musste, andernfalls durfte er nachts nicht auf die Gasse gehen, auch auf keinen Tanzboden. Er musste die älteren Burschen einen Abend im Wirtshaus zehrungsfrei halten, dann war er ein Bursche, mit allen Rechten ausgestattet. Ende des vorigen Jahrhunderts war dieser Brauch auf den umliegenden Ortschaften noch gang und gäbe. Ich kannte in Ameis einen Burschen, der war schon vom Militär zurück und durfte sich unter den Burschen nicht sehen lassen, weil er sich aus Trotz nicht einkaufte. Bei uns in Poysdorf war es Brauch, dass sich die Burschen mit 18 Jahren am Wilhelmsdorfer Kirtag mit einem Fass Bier einkauften. Mit 19 Jahren, also das Jahr vor der Stellung, die mussten mehr zahlen, dazu noch Zigarren, und zwar den älteren Burschen, die schon vom Militär zurück waren, dann durften sie sich ein kleines Sträußl am Hut stecken und bekamen beim Tanz ihre Touren, die so genannten Rekrutentouren.

Dazumal war es Brauch am Wilhelmsdorfer Kirtag, dass die Poysdorfer und Kleinhadersdorfer Burschen am Ortsende von den Wilhelmsdorfern mit Musik und Wein abgeholt wurden, das ist heute nicht mehr. In Falkenstein war es noch in den Neunzigerjahren der Brauch, dass der älteste Bursche den Kirtag leitete und auch verrechnete, den nannte man den Robesch-Burschen. Dieser und der Wirt hatten jeder ein gleich langes Stück Holz, das nannte man den Robesch. Diese zwei Holzstäbe wurden zusammengelegt und bei jedem Liter, der von den Burschen gemeinsam getrunken wurde, mit scharfem Messer eine Runse eingeschnitten und zum Schluss dann damit gerechnet. Den Burschen gehört die Nacht und der Kirtag, so hieß es damals. Auch der Hochzeitstrunk gehörte den Burschen. Jeder Hochzeiter musste den Burschen einen Hochzeitstrunk geben, je nachdem er bemittelt war, einen halben bis einen ganzen Eimer. Früher war es auch Pflicht einen Laib Weißbrot und zwei Kerzen. Der Hochzeiter zahlte damit sozusagen seinen Austritt aus dem Burschenverband. Da waren immer solche Burschen, die das Recht, den Hochzeitstrunk zu holen und den meisten selbst auszusaufen, für sich in Anspruch nahmen. Wenn die jungen dann geladen wurden und der Wein zu wenig wurde, so mussten sie dann den alten noch etwas zahlen, sonst gab es Fotzen. Diese schuftigen Schmarotzer nannte man Keiler. Diese Keiler betrieben in der Regel ihre schmutzigen Erpressungen an den jungen Burschen so lange, bis die jungen vom Militär zurück waren und diesen alten Schuften das zurückzahlten, indem sie dieselben weidlich durchhauten. Die waren dann erledigt und verschwanden in der Regel von der Bildfläche.

Vom Soldatenstand und vom Ehestand, nebst einigem vom Bücherlesen

Am 11. April 1890 kam ich das letzte Mal zur Stellung und wurde diesmal für tauglich befunden. Im September bekam ich die Einberufung zum Kader, Landwehrbataillon Korneuburg Nr. 2, Landwehrkaserne im 5. Bezirk, Siebenbrunnengasse, Wien. Dieses Jahr wurden von Poysdorf 27 Burschen assentiert. Ich hatte ein hohes Losnummer und wurde deshalb in die Reserve übersetzt und rückte erst am 4. April 1892 als Ersatzreservist zur Abrichtung ein. Die Abrichtung dauerte acht Wochen. Es wird immer so viel geschimpft über die Militärdienstzeit, aber ich sage es ehrlich und offen: es ist die schönste Erinnerung an die goldene Jugendzeit. Ich war beim k.k. Landwehrbataillon Nr. 2, Korneuburg. Während meiner kurzen Dienstzeit wurde es umgeändert in k.k. Landwehrinfanterieregiment Nr. 24 und ergänzte sich aus dem Kreis Korneuburg und dem Kreis Znaim. Ich war untergebracht im 2. Stock, Zimmer 119, 1. Komp., 3. Zug.

Wir in unserem Zimmer haben uns immer gut vertragen und das war abends immer recht unterhaltlich. Ich spielte eine Mundharmonika, dazu wurde getanzt – schön war's. An Sonntagen nach dem Befehl gingen wir immer in den Prater zum „Lustigen Bauern" um fünf Kreuzer tanzen. Mit fünf Wochen waren wir ausexerziert und gingen am 30. Mai nach Bruck a. d. Leitha ins Lager und machten gleich vier Wochen Waffenübung. Da habe ich das erste Mal den Kaiser gesehen, als er uns inspizierte. Aber halt, ich sah ihn schon im Jahre 1876 bei den Kaisermanövern, es war deshalb schon das zweite Mal, aber es war auch zugleich das letzte Mal.

Wir waren im neuen Lager draußen aufgestellt und der Kaiser ritt mit seinem Gefolge die Front ab. Ich hatte beim 3. Zug die Mitte, und vor mir blieb er stehen, hoch zu Ross. Ich war enttäuscht, denn ich hab ihn mir immer als groß vorgestellt. Er hatte kaum mittlere Größe, jedoch hatte er sehr gesundes Aussehen, rote Lippen, blühweißes Haar und eine glockenreine Stimme. Er war dazumal 62 Jahre alt und bewegte sich noch recht lebendig. Er sprach: „Ich danke den Herren Offizieren für die gute Schulung der Mannschaft, besonders das 2. Baon.“ Das waren wir aus dem Kreis Korneuburg. Das 1. Baon war Wien, das 3. war Znaim; aus diesen drei Bataillonen wurde dann das Landwehrinfanterieregiment Nr. 24.

Nach der Inspizierung und Defilierung waren unsere Offiziere fesch, da gabs Freibier, war doch das 2. Baon von seiner Majestät gelobt worden. Zu Pfingsten bekam ich 48 Stunden Urlaub nach Poysdorf, und am 28. Juni gingen wir auf Urlaub.

Im Herbst 1892 lernte ich Katharina Weber, meine zukünftige Frau, kennen. Aber vorher war ich einmal mit einer anderen versprochen, der Kramer Resi aus Falkenstein.

Da ging ich als Bursch oft und gern hinüber, auch später dann mit meiner Frau und mit den Kindern. So war ich auch im Jahre 1890 am Kirtag drüben, machte mit einem Mädel die Bekanntschaft, führte sie öfters zum Tanz und sie nahm mich dann abends zum Essen mit. So war's dazumal Brauch in Falkenstein. Gastfreundschaft und Zuvorkommenheit gegen Fremde war dazumal eine besondere Tugend der Falkensteiner, besonders die Burschen. Jeder Fremde konnte gratis tanzen und sich unterhalten, so lange es ihm beliebte. „Wir", sagten die Burschen, „zahlen unsern Kirtag selber!"

Kramer Resi hieß das Mädel, mit der ich Bekanntschaft gemacht hatte. Sie war ein braves, nettes Mädel, das mir gefiel und auch ich gefiel ihr. So haben wir uns einander versprochen. Alles wäre gut gewesen, aber jetzt erfuhr ich, dass schon drei aus ihrer Familie tuberkulos sind. (*Doppellungenkolos* sagte der Drachsler Franz, als ihm sein Weib starb.) Ich war entschlossen, das Verhältnis zu lösen, wenn ich bei ihr Anzeichen einer Krankheit bemerken sollte. Im Jahre 1892 war ich drüben am Kirtag, da haben wir uns noch gut unterhalten, aber sie bekam vom Tanzen Seitenstechen, da musste ich viel mit andere Mädel tanzen.

Da saßen bei einem Tisch drei auffallend schöne Mädel, die waren vom Bürgermeister May von Kleinschweinbart. Mit einer von die drei wollte ich tanzen, doch da musste ich erst meinen Mut sammeln. Als ich mich wirklich gesammelt hatte, ging ich hin und ersuchte eine von diesen drei Schönen – es war die Sali; sie gab mir keinen Korb. Das Stück, das bei diesem Tanz gespielt wurde, war: „Mein Herz, das ist ein Bienenhaus".

Ich habe die Bürgermeistertochter Rosalia May in meinem Leben nur dies einzige Mal gesehen, hab mich oft an sie erinnert und mich jedes Mal gefreut, dass sie mir zum Tanz folgte. Ich habe mir auch vorgenommen, wenn ich einmal ein Gedenkbuch schreibe, so setze ich das hinein. So, und jetzt ist's drin!

Und jetzt mit meiner Braut? Die Vorzeichen von der Tuberkulose waren da; wie abkommen? Es ist nicht so einfach, anständigen Leuten gegenüber wortbrüchig zu sein. Ich suchte mir einen Vorwand und blieb aus.

Schön war's nicht von mir, aber was hätte ich machen sollen? Ich wurde dann mit meiner zukünftigen Frau bekannt und wir heirateten dann im nächsten Jahr. Kurz nach mir heiratete auch meine ehemalige Braut, die Kramer Resi, einen älteren Burschen aus Falkenstein.

Sie war drei Jahre verheiratet, bekam zwei Kinder und starb an Tuberkulose. Der Witwer wirtschaftete eine Zeitlang allein, da starben die Kinder, tuberkulos.

Dann heiratete dieser Hanold Pepi, ein Mädel aus Falkenstein, die Schulz Kathl, war einige Jahre verheiratet, dann starb er, tuberkulos.

Seine Witwe heiratete dann einen Rieder von Neudorf, war längere Zeit verheiratet, bekam mehrere Kinder und starb dann auch tuberkulos. Wie es weiter ist, weiß ich nicht, immerhin eine Tragödie.

Mit meiner Frau Katharina Weber heirateten wir am 14. November 1893 auf das Kleinhaus Nr. 382 in der Brunngasse. Sie war die Tochter des Weinhauers Anton Weber und der Anna, geb. Koch. Der Ehe sind vier Kinder entsprossen. Der Sohn Leopold war vier Jahre im Krieg bei Artillerie, nach dem Krieg war er einige Jahre zu Hause und ging dann zum Wirtsgeschäft als Schankbursche. Am 1. November 1928 wanderte er aus nach Südamerika, war zuerst als Kellermeister, später als Koch in Stellung. Zur Zeit (April 1937) ist er als Koch im Deutschen Vereinsheim in Rio de Janeiro.

Koletta heiratete 1924 den Trafikinhaber und Kriegsinvaliden (Kopfschüssler) Anton Lehner, der am September 1931 starb, begraben im Urnenhain. Tochter Katharina heiratete 1932 den Weinhauer Anton Frühwirt von Enzersdorf bei Staatz und wohnen mit uns zusammen. Wir haben uns ziemlich gut gewirtschaftet, wir haben uns acht Grundstücke gekauft und auch bezahlt. Im Jahre 1899 haben wir uns ein neues Haus gebaut,

Brunngasse 492, das uns 2600 Gulden samt Bauplatz gekostet hat und sind am 16. November dahin übersiedelt. Ich war ein fleißiger Arbeiter im Feld und habe mir mit dem Ertrag der Grundstücke etwas erworben, besonders mit die Weingärten, jedoch im Häuslichen war mit mir nicht viel los, ich habe jede freie Stunde, die Sonntage und die ganzen Winterabende zum Bücherlesen benützt. Beim Buch konnte ich sitzen, bis mir die Augen zufielen. Da sah und hörte ich nicht, nicht einmal, wenn ich gerufen wurde, das gab öfter Verdruss. Schon bei meiner Mutter: „Du hörst, hörst nit? Bist törrisch oder bist teppert, jetzt schrei ich schon dreimal und er hört nit.“ Oder: „Jetzt lösch einmal ‘s Licht aus, du verbrennst ja das ganze Petroleum und überhaupt will ich schlafen.“ Bei meiner Frau war’s genau so und ich blieb genau so wie ich war und bin heute noch derselbe: ein Buch geht mir über alles.

Lesen kann heute nahezu jeder, nur wenige sind noch, die es nicht können, und jeder, der es kann, liest gerne Geschichten, jedoch mit Unterschied. Der eine gern kurze, die auf einer Seite anfangen und auch aus werden, er hat das Lange nicht gern; da muss er einen Esel machen (ein Blatt umbiegen) und das macht er nicht gern, Büchel ruinieren. Der andere hat gerne lange Schauerromane, das regt das Gemüt auf und macht neugierig. Der dritte liest gern Wissenschaftliches, das gehört für einen Gebildeten, oder dass man mit besseren Leuten auch reden kann. Wieder ein anderer liest am liebsten Gerichtsverhandlungen und Prozesse, der hat vielleicht ein schlechtes Gewissen und will sich da informieren, wie man am glaubwürdigsten lügt, um frei zu gehen.

In den siebziger Jahren gab es noch eine Menge Leute, die nicht lesen konnten. Ich kannte eine Bauersfrau, die, trotzdem sie nicht lesen konnte, doch das Gebetbuch in die Kirche mitnahm. Von dieser Frau wird heute nach sechzig Jahren noch erzählt, dass sie einmal das Gebetbuch in der Kirche verkehrt aufgeschlagen hatte und hineinsah; sagte die Stuhlnachbarin: „Du hast ja das Gebetbuch verkehrt?“ Sie drauf: „Jessas, dos is a Kreuz mit dö Fratzn, i hob mir's eh dahoam am Tisch recht g'legt, do hobn's die Fratzn g'wiss wieder umdraht.“

In den vierziger und fünfziger Jahren des vorigen Jahrhunderts gab es nicht viel zum Lesen, wie mir meine Mutter sagte. Ihr Vater, der auch gerne las, hatte beiläufig zehn Bücher, alle von Anton Lenk in Znaim. Ich selbst kannte diese Bücher noch, mein Freund Klemens Ließ nannte sie immer „Znaimer Lug“. Mein Großvater hatte, wie ich mich erinnern kann: „Heinrich von Eichenfels“, „Die vier Haimons Kinder“, „Ponna“, „Melusina“, „Genoveva“, „Eulenspiegel“ usw. Diese Bücheln wurden jeden Winter gelesen. Der Großvater las vor und die ganze Familie hörte zu, danach wurde dann die Geschichte besprochen.

Zeitungen gab es damals noch nicht, zumindest bei den Bauern, und waren für diese Leute damals diese „Znaimer Lugen“, wie der Ließ Klemens sagte, die einzige Lektüre außer dem Evangelium, das in jeder Familie damals gelesen wurde. Der alte Knoll Andreas, der Schwiegervater von meinem Bruder, der hatte schon zu Anfang der achtziger Jahre eine Zeitung, der war nicht wenig stolz! Es war „Der Pilger“, ein Wochenblatt, am Titel das Motto: „Die Wahrheit wird euch frei machen.“

Ich sehe ihn heute nicht mehr, er wird eingegangen sein, der „Pilger“; dieser alte Knoll tat sehr wichtig, er stand auf der Gasse und fragte jeden: „Habt's den Briefträger nicht g'sehn? Ich wart schon auf die Zeitung!“ Dann, wenn er sie hatte, ging es ans Lesen. Recht umständlich wurden die Augengläser geputzt, „Der Pilger“ am Tisch ausgebreitet, in den Fingern der rechten Hand ein Stück Fischbein, mit dem er gleichzeitig beim Lesen unter der Zeile hinstrich.

Wenn er's dann durchbuchstabiert hatte, dann offenbarte er es. Jedem, der ihm in den Wurf kam, erzählte er, ohne gefragt zu werden: der Kaiser ist gestern nach Ischl gefahren und wird acht Tage dort bleiben! Die Kaiserin ist krank, aber sie ist schon wieder besser, sie hat kein Fieber mehr, der Kronprinz heiratet die Prinzessin von Belgrad (das war ihm geläufiger wie Belgien), das Parlament tritt die nächste Woche wieder zusammen, usw. Die Männer staunten diesen Wundermann an, wieso der vom Kaiserhaus alles weiß? „O, in meiner Zeitung ist's g'stondn, in Pücha.“ Er hatte dadurch bei den Unwissenden geradezu einen Gelehrtenruf. Er las aber auch andere Sachen. Da hatte er ein

Buch, der Titel lautete: „Hundert Geschichten“, auch so etwas Vormärzliches.[18] Ich sah es durch und staunte, dass man so etwas schreibt, noch mehr aber, dass man so etwas mit Andacht liest, und er las es mit Andacht. – Ein Flohehepaar geht auf die Wanderschaft, kommen an ein Wasser, das wollen sie überspringen, um im drübern Land bei den Einwohnern das Blut zu verkosten. Sie sprangen zu kurz und landeten auf einem Strohhalm, der gerade vom Wasser getrieben wurde. Der Flohmann meinte, gleich den zweiten Sprung ans andere Ufer zu machen, aber die Flohgattin warnte ihn, zwei große Sprünge nacheinander ist zu viel, rasten! Der Flohmann aber wollte seine Mannbarkeit zeigen und sprang – zu kurz, ins Wasser. Wahrscheinlich hatte er auf nassem Boden nicht den richtigen Anlauf. Jetzt den Jammer der Flohin über den Ertrinkungstod des Mannes oder wegen Aussichtslosigkeit einen anderen zu bekommen. Wie sich das Schicksal dieser Flohwitwe weiter gestaltet hat, ist mir aus dem Gedächtnis entschwunden. Diese Geschichte las der alte Knoll mit Andacht, und als er zum Ertrinkungstod kam, perlte ihm eine Träne aus dem Auge, die er verstohlen wegwischte. Er war weichherzig. Er konnte ruhig und ungestört lesen, wenn auch Lärm war, weil er schwerhörig war, ein anderer musste die Finger in die Ohren tauchen. Selten etwas Schlechtes, wo nicht etwas Gutes auch dabei ist.

Manche tun sehr wichtig mit ihrem Wissen, das sie vom Lesen haben, wenn irgendwo ein Vortrag ist: da gehen wir gar nicht hin, denn was uns die erzählen, das haben wir schon längst vergessen. Da ist einer, der Weber Seppl, der sagte einmal zu mir: „Mir kann niemand was erzählen, denn ich weiß alles! Ich habe zu Hause ein Buch, da steht alles drinnen von der ganzen Welt.“ „Nun“, sagte ich, „was steht denn so beiläufig drinn?“ Er: „No, alles was auf der Welt ist!“ „Nun“, sagte ich wieder, „was denn so beiläufig, von dem Kriege, Völkerwanderung, Entdeckungen,

Erfindungen?" „Ja", sagte er, „das ist alles drinn und das andere auch alles!" Ich fragte ihn, was das Buch für einen Titel hat? Das weiß er nicht, weil das erste Blatt ist weggerissen.

Solch einer, der schlecht lesen kann, holt sich leicht eine Blamage. Als in den Achtzigerjahren unsere Gassen mit Tafeln versehen wurden, war auch in der heutigen Feldbergerstraße eine mit der Aufschrift: „Auf der Wiese"; der alte Wießmann Briefträger, damals ein junger Bursche, buchstabierte es langsam und laut zusammen: „Aus der Weise". Viel schlechter ging es dem böhmischen Bub, Purz mit Namen, der in Poysdorf am Wechsel war, um Deutsch zu lernen. Der musste in der Lesestunde den Abschnitt lesen, wo es hieß: „Die Sonne bricht durch die Wolken und ihre Strahlen schießen wieder durch die Lücken des Laubdaches." No, was der da las, kann man sich denken.

Zum Simon Tonl – er war schief gewachsen – kam einmal ein Kolporteur und redete ihm zu, er soll sich auf die Zeitschrift „Das Buch für Alle" abonnieren, alle Monat ein Heft, das erste Heft gratis als Probenummer; er willigte ein, weil der Agent sagte, wenn es nicht gefällt, kann er's zurückgeben.

Sagte der alte Ließ: „Ist dir das nicht zu teuer?"

„Wir können's ja z'ruckgeben", meinte der Tonl. „Und die schönen Bilder, was drinnen sind, und er Josef, der kann gut lesen, der sagt, da steht gar von Ägypten was drinn und von Graz, der sagt, was da alles drinn steht, das weiß nicht einmal der Lehrer."

An Sonntagen, da setzte er sich vor die Haustür und breitete das „Buch für Alle" auf die Knie aus, und wenn jemand in die Nähe kam, so bewegte er den Kopf von links nach rechts, wie man's beim Lesen macht, das wusste er, doch lesen, glaub ich, konnte er nicht. Wenn jemand vorüberging, so setzte er aus mit der Kopfbewegung und sagte: „Hab mir Bücher bestellt, da ist alles drinn von der Welt, von Graz ist auch was drinn und von

Ägypten auch, das geht schön. Unser Josef, der sagt, von Graz das geht schön, aber von Ägypten, das geht noch schöner."

Ich ging auch einmal vorüber, gleich stellte er die Kopfbewegung ein, und er erzählte mir, dass der Josef sagt, da drinn geht's gar so schön lesen, überhaupt von Ägypten.

Ich ging hin und besichtigte das Heft: da war der Grazer Schlossberg im Bild und die Sphinx, beides mit einer Beschreibung. Weiters fand ich, dass Bilder herausgeschnitten waren. Sagte ich: „Warum schneidet ihr denn die Bilder heraus, da kann man ja nicht mehr alles lesen."

„No, die Kinder woll'n auch a Freud haben, die picken sich's auf die Zimmertür!"

Sagte ich: „Man kann jetzt doch nicht mehr alles lesen, das Heft ist jetzt doch ruiniert?"

„Der Josef sagt, er hat's schon so ausgelesen, und das Schöne von Graz und von Ägypten, da wo's so schön geht, das ist eh nicht ruiniert."

„Aber", sagte ich, „das Heft kostet doch Geld und die Bilder könnt ihr ja im Heft so gut anschaun, wie auf der Zimmertür!"

„Ah, wir geben's ja z'ruck!"

„Ja, das Probeheft könnt ihr zurückgeben, aber die anderen sind bestellt, die müsst ihr zahlen!"

„Ich zahle nichts, ich hab kein Geld drauf."

„Und überhaupt kann er's nicht mehr zurücknehmen, weil die Bilder herausgeschnitten sind."

„Das sieht man nicht", meinte der Tonl, „auswendig ist's ja nicht."

Und dann sagte ich: „Dieser Agent ist auch ein armer Teufel und will etwas verdienen und nicht Schaden leiden!"

„Hätt er sich's behalten, ich hab ihm nicht geschrieben."

Mir riss die Geduld! Meine Mutter sagte immer: „Do möchte man an den Mäuern aufkraln."

Als das Vierteljahr um war, kam der Agent einkassieren, da gab's einen Mordskrach. Die Nachbarsleute, die es hörten, die sagten, man konnte aus dem ganzen Lärm und Krawall nichts Richtiges heraushören, bloß das eine verstand man: „Gsindl, Bagage, buckliger Hund und erbärmliche Kreatur." Vom Josef und von den ägyptischen Schönheiten ist nichts mehr geredet worden.

Als unser Ferner Großvater gestorben war, teilten die fünf Kinder auch seine zehn Geschichtenbücher, alle vom Anton Lenk in Znaim; jeder bekam zwei. Meine Mutter bekam den „Heinrich von Eichenfels" und die „Genoveva". Der Hannesvetter die „Pönna" und die vier „Haimonskinder".

Der Hannesvetter , der las die Geschichten auch immer vor, da hörte ich auch oft zu. Er las täglich nur ein Kapitel, dann machte er ein Zeichen. Er las langsam, überlaut, betonte nichts und beachtete auch die Zeichen nicht, er setzte zum Beispiel schon einige Worte vor dem Punkt ab und las über den Punkt darüber, als ob derselbe gar nicht wäre. Er erinnert mich immer an den alten Korporal, der sich um die Frühberger Schulmeisterstelle bewarb und seine Fähigkeit damit begründete, dass er zwölf Jahre Korporal war und über tausend Stockstreiche verabfolgt hatte. Das leuchtete den Gemeindevätern auch ein, dass dieser Korporal der richtige Mann ist für ihre Jugend, und er bekam die Stelle unter fünf Bewerbern.

Dieser Schulmeister setzte beim Lesen auch immer ein Stück vor dem Punkt ab und erklärte den Kindern, dass sich das ganz gleich bleibt, ob die Pferde vor der Brücke rasten oder drüber der Brücke.

Der Hannesvetter war wahrscheinlich auch dieser Meinung, aber er las langsam und laut die „Pönna" und die vier „Haimonskinder", dass man sich's einprägen konnte. Von den vier

Haimonskindern weiß ich noch aus den Vorlesungen des Hannesvettern, dass sie große Helden waren, besonders der jüngste, „Baiard, der Ritter ohne Furcht und Tadel". Er verteidigte ganz allein gegen einen übermächtigen Feind eine Brücke. Er konnte zum Reiten nur die stärksten und kräftigsten Pferde brauchen, denn er war von hohem Wuchs und außergewöhnlicher Körperkraft. Wenn das Pferd nicht außergewöhnlich stark und kräftig war, und er schwang sich hinauf, so brach dem Pferd das Kreuz ab. Ob zu der Zeit schon eine Pferdeversicherung war und in einem solchen Fall für den Schaden aufkommen musste, wurde in dem Buch nicht berichtet.

Wenn der Hannesvetter die „Pönna" vorlas, das war mir lieber, denn diese Geschichte war gruselig.

Große Hungersnot war im Lande, die Leute aßen Baumrinde (Ersatzmittel wie bei uns nach dem Zusammenbruch 1918 gab's damals noch nicht), da ging ein armes Weib mit einer Kinderschar ins Schloss betteln. Die junge Gräfin, die mit ihrem ersten Kinde in der Hoffnung war, wies sie von der Tür und schrie: „Ihr Bettelvolk, ihr züchtet ja wie die Schweine!" Da tat das Bettelweib einen grässlichen Fluch: „So wolle Gott, dass die Frucht, die du unter deinem Herzen trägst, in einen Schweinskopf verwandelt werde!"

Der Fluch tat seine Wirkung; als das Kind geboren war, sah man, dass es wirklich einen Schweinskopf hatte. Das Kind, das den Namen Pönna bekam, wuchs und gedieh zum Leidwesen ihrer Eltern. Als es größer wurde, trug es immer einen doppelten Schleier, niemand sah mehr sein Gesicht. Die Eltern starben aus Kränkung frühzeitig weg. Pönna erbte das ganze Riesenvermögen.

Es kamen dann Bewerber um ihre Hand, da sie aber den Schleier nie abnahm, so dass niemand ihr Gesicht sehen konnte, so blieb einer um den anderen aus. Da war nun ein Adeliger, ein Lebemann, der sein Vermögen schon verprasst hatte; der warb um sie des Vermögens wegen. Er heuchelte ihr etwas von Liebe vor und gab nicht nach; dem reichte sie ihre Hand, aber unter der Bedingung, dass er ein Probejahr machen muss, ob er sie wirklich liebt, dann erst bekommt er ihr Vermögen. Eine Zeitlang spielte er den Braven, aber nicht lange, dann trieb er es wieder mit anderen Weibern wie zuvor. Pönna aber hatte ihre Aufpasser und wusste alles. Als das Jahr zu Ende war, tat er ihr schön, herzte und liebkoste sie und erzählte ihr von seiner großen Liebe. Pönna, die alles wusste, wie er es mit anderen Weibern trieb, war empört über diese große Heuchelei und biss ihm mit ihrem Rüssel die Nase weg.

Minutenlang tiefstes Schweigen, alles war entsetzt. Langsam löste sich der Bann über dieses Fürchterliche, und es wurde dann besprochen, wie da der Mensch ausschaut, wenn er keine Nase hat, dann kam man zu denen, die eine zu kleine Nase haben, das ist auch nicht schön; und wenn die erledigt waren, dann ging's über die, welche eine zu lange, große oder dicke Nase haben; und ganz zum Schluss kamen wir noch auf die gebogenen Judennasen.[19)]

Der Hannesvetter, wenn er sein Kapitel gelesen hatte, so lehnte er sich in seinem Sessel zurück, die Arme gekreuzt, und mit dem Bewusstsein, vor seinen Hörern etwas geleistet zu haben. Als dann debattiert wurde über die abgebissene Nase, entsetzten sich einige: das muss ja etwas Fürchterliches sein, wenn man keine Nase hat. Sagte der Hannesvetter: „No, wenigstens braucht er sich nicht zu schnäuzen!"

Da ging es mit dem Lesen immer noch vernünftig zu; aber manche verfielen in eine richtige Lesewut. Bei der Familie Ließ war's so, die ganze Familie las während des Essens, so dass in der Regel viel Zuspeis in den Büchern zurückblieb und dadurch viele Blätter zusammenheirateten. Mein Freund Klemens, der trieb's gar aus der Weis, wenn er an den verschwiegenen Ort ging, so las er noch das Stück Papier, das dann zur Verwendung kam, und wenn's auch nur ein Marktbericht war. Dieser Klemens las einmal während des Suppenessens, verfehlte den Einlauf zum Rachen, stieß an die Unterlippe und der Inhalt ergoss sich über das Buch. Er wischte es mit dem Ärmel weg und las weiter.

Schauerromane waren mir in meiner Jugend das liebste und ich habe deren eine Menge gelesen. So den „Feuer-Hannes", „Die bleiche Gräfin", „Blondl, der unschuldig Verurteilte", „Der Mann mit der eisernen Maske", „der Doppelgänger", „Marino Marinelli", „Die Sünden Wiens" und noch viele andere. Da saß ich oft halbe Nächte und war neugierig, wie das ausgeht. Ich hätte können die letzten Kapitel durchlesen, dann hätte ich's gewusst, aber das tat ich nie, da wär's dann um die gespannte Neugierde geschehen gewesen. Halbe Nächte saß ich beim Buch und vergaß darüber meinen Namen. Ich war so im Bann dieser Schauergeschichten, dass ich den ganzen Tag keinen anderen Gedanken hatte. Im „Doppelgänger" las ich von einem Wahnsinnigen, der lange Zähne hatte und große funkelnde Augen. Dieser entsprang aus dem Irrenhaus, der Irrenwärter verfolgte ihn, um ihn zurückzubringen, jedoch wurde er vom Wahnsinnigen überwältigt, zur Erde geworfen, und der Irre biss ihm mit seinen langen Zähnen die Ader im Hals auf und sog ihm das ganze Blut aus. Monatelang sah ich dieses Gesicht mit den langen Zähnen, und wenn es finster war, da zog ich immer den Hintern ein. Ich gab dann, als wir in Poysdorf eine Bibliothek hatten, dieses Romanlesen auf und bezog meine Lektüre von dort.

Während des letzten Schuljahres und nach dem Austritt borgte mir mein Oberlehrer Paul Nothaxberger Roseggers Jugendschriften, die ich sehr gerne las. Jetzt in der Bibliothek stand er mir beinahe ganz zur Verfügung, ich konnte mich nicht satt lesen, überall und immer sprach er mir aus der Seele. Der Bürgerschuldirektor Franz Metz nannte mich immer den Roseggerfresser. Ich habe schon von unzähligen Dichtern Bauerngeschichten gelesen, aber ich sage es offen und mit Überzeugung: Kein Dichter war und ist imstande, den Bauern so zu schildern, wie Peter Rosegger! Ich las auch andere Bücher, zum Beispiel „Das Beichtsiegel", dann sind solche Bücher aus der Bibliothek verschwunden, wir hatten andere Zeiten.[20)]

Immer ist man ängstlich besorgt, dass solche Bücher vom Volk nicht gelesen werden, die könnten von solchem Buchlesen schlecht werden! Und die, von denen das Buch handelt, waren die brav?

Gerne las ich auch von Adam Müller-Guttenbrunn: „Die Glocken der Heimat", „Der Schwabenzug", „Es war einmal ein Bischof", „Josef, der Deutsche".

Vom letztgenannten Buche haftet's noch unverwischt in meinem Gedächtnis, wie er zum Kardinal Migazzi[21)], der zwei Bistümer zu verwalten hatte, nämlich Wien und Waiz, oder zumindest das Einkommen davon, spricht: „Und Sie, Eminenz, müssen sich entscheiden, ob sie Bischof von Wien oder von Waiz sein wollen", und ihn mit einem leichten Kopfneigen entließ. Wenn man so etwas liest, da lebt man auf!

Dieser Ausspruch vom Kaiser Josef klingt anders als der, den ein recht christlicher Bauer tat, als ich dieses doppelte Bischofseinkommen bekrittelte: „Ja, mein Lieber, diese Leute geben viel a[illegible] müssen sie auch viel einnehmen!" Ich blieb diesem Sumpe[illegible] Antwort schuldig. Recht hatte er zwar, wenn man viel ausgibt, soll man noch mehr einnehmen, damit etwas überbleibt, aber ob er sich's auch verdient?? Bei uns Weinhauern muss man diesen Weisheitsspruch heute anders anwenden: Wenn man wenig einnimmt, so muss man noch weniger ausgeben, sonst kommen wir in die Schulden.

Jetzt bin ich vom Bücherlesen abgekommen, es ist eben beim Gedankengang auch so wie im Leben, dass man vom geraden Weg abkommt. Wenn man nur wieder zurückfindet. Der beste Roman, den ich gelesen habe, war „Der Mann mit der eisernen Maske". Ein Sohn der Anna von Österreich und Zwillingsbruder Ludwigs XIV. Wie er im Verborgenen erzogen wird, von den Hugenotten geraubt und in der protestantischen Religion erzogen wird, um den Hugenotten einmal zur Macht zu verhelfen. Der Held des Romanes „Ritter von Loney", wie er vom Kardinal Richelieu gerufen wird, wie ihm, dem verarmten Adeligen, Güter, Reichtümer und Offizierspatente angeboten werden, nur katholisch muss er werden und mit der Regierung muss er's halten, und er antwortet: „Für alle Macht und Schätze, die Frankreich mir bietet, werde ich meiner Gesinnung nicht untreu, lieber lass ich's Leben!" Solche Antwort kennzeichnet den Helden.

In der Schule bekamen wir auch alle Wochen ein Bibliotheksbuch, wenn wir brav waren, die waren alle auf einen Leisten zugeschnitten. Wer schlimm und schlecht war, wurde zum Schluss brav. Der Arme reich, der Kranke gesund, der Stumme konnte zum Schluss reden, und einmal bekam ein Blinder zum Schluss sein Augenlicht.

Wir waren's schon so gewöhnt, wussten es schon beim Anfang, dass es so ausgeht, und waren's auch zufrieden. Beim Rosegger war ich deshalb unzufrieden und schrieb sogar einen Brief, den ich nicht abgeschickt habe. Als ich das erste Mal seinen Försterbuben las, da rechnete ich doch bestimmt, dass der Försterbub die schöne Wirtstochter heiratet und die zwei Alten dabei ihren schönsten Tag erleben. Nein, er lässt den alten Förster in die Aach springen und ertrinken, währenddem seine Buben beim Kreisgericht vom Mord freigesprochen werden, er lässt den Wirt wahnsinnig werden, und den jungen Förster, anstatt die schöne Wirtstochter zu heiraten, lässt er nach Australien gehen, und damit ist der schöne Schluss vernichtet. Das gefällt mir heute noch nicht. Ich hätte ihm sollen den Brief schicken, die Auskunft hätte mich interessiert, zumindest hätte ich ein Schreiben von ihm, und das wäre was wert.

Beim Bauern, die lasen den „Feuer-Hannes“. Der Vater las vor, täglich abends ein, höchstens zwei Kapitel. Das Weib und die Kinder hörten zu. Die Söhne rauchten, die Töchter strickten. Wenn der Alte vorlas, wie der „Feuer-Hannes“ mit seiner Bande an der ungarisch-steirischen Grenze eine Ortschaft ausraubte, dieselbe in Brand steckte und jeden, der ihnen in den Weg kam, mit dem Dolch niederstach, da waren sie alle im Bann und in einer Gänsehaut und alles schwieg mäuschenstill, nur die Mutter machte immer leise ihre Bemerkungen: „Na, so was, Leut, Leut lost's nur, aber, aber, Ssss, um Gotteswill'n, was den Raubern all's einfallt, ah geht's, das ist schon gar!“ Usw. – Wenn dann das Kapitel aus war, wurde für diesen Abend Schluss gemacht, aber lange noch wurde diese Räubersgeschichte besprochen, Der eine Sohn, ein meiniger Kollege, der ging dann in der Regel nach der Vorlesung zu seiner Maid fensterln und erzählte ihr diese Raub-, Mord- und Brandgeschichte und jagte ihr wahrscheinlich auch eine Gänsehaut hinauf, wenn sie nicht ohnehin schon eine hatte, weil sie bei der Kälte im Hemd beim Fenster stand.

Für das Wort Gottes hatte ich schon lange ein Verlangen und so kaufte ich mir eine Bibel und studierte gleich mit Eifer das erste Buch Moses. Ich war wie aus den Wolken gefallen, in der Bibel, im Erbauungsbuch der Christen, fand ich Stellen, dass ich mich in meiner Unwissenheit und Unverdorbenheit geradezu entsetzte, dass die Sarah ihrem Manne Abraham die Magd als Beischläferin gibt, das ist wohl noch nicht das Ärgste (1. Moses 16,2)[22], denn sie wollten Kinder haben, ganz einerlei, von wem! Dass aber Judas, der Sohn des Erzjuden[23], vielmehr Erzvaters Jakob, zu seiner Schnur (Schwiegertochter) sagt: Lass mich bei dir liegen! Und sie antwortet: Was willst du mir geben, wenn du meinen Beischlaf genießest? Er versprach ihr einen Ziegenbock und ihr war's recht! (1. Moses 38,16.17)[24] Das war mir schon ein wenig zu viel. Aber ärger war's noch bei der Familie Lot: Als der Herr über Sodom und Gomorrha Schwefel und Feuer vom Himmel regnen ließ, flüchtete er mit seiner Familie, das Weib wurde in eine Salzsäule verwandelt und konnte deshalb nicht weiter, mit den Töchtern flüchtete er ins Gebirge in eine Höhle. Die Töchter, denen bange war, dass sie keinen Mann mehr bekommen, vereinbarten, den Vater betrunken zu machen mit Wein und schlafen bei ihm, dass wir von unserem Vater Nachkommenschaft erhalten. Also ging heute die ältere Tochter zu ihrem Vater schlafen, und er ward's nicht gewahr, und morgen die jüngere, als sie ihn wieder mit Wein betrunken gemacht hatten, und er wurde wieder nichts gewahr. Und beide empfingen (1. Moses 19,32-35). Die Ältere gebar den Moab, den Stammvater der Moabiten, die Jüngere den Amon, den Stammvater der Amoniten. Die konnten noch von Glück reden, dass die beiden Kinder von dem volltrunkenen Vater nicht geistesschwach waren, so wie es heute in der Regel vorkommt.

Auch müssen damals mildere Gesetze gewesen sein, denn heute würden die zwei Lottöchter wegen Blutschande empfindlich gestraft werden. Der Vater Lot könnte wegen Volltrunkenheit möglicherweise freigesprochen werden.

Als ich diese drei Stellen das erste Mal gelesen hatte, da dachte ich mir, alle guten Dinge sind drei, ich klappte das Buch zu, gab es meiner Tochter in die Religionsstunde mit, mit der Weisung, den Katecheten zu fragen, ob diese Bibel gut ist. Der Katechet, Pfarrer Franz Maglock, besichtigte sie und sagte: „Ja, die Bibel ist gut, sie ist vom Allioli.“[25] Jetzt war ich erlöst. Ich fürchtete schon, sie sei schlecht, wird mir weggenommen und verbrannt, wie im Mittelalter. Jetzt erst ging ich das Lesen in der Bibel gründlich an.

Ich habe schon gelesen, dass es Zeiten gegeben hat, wo die übersetzte Bibel verboten war, nur in der lateinischen Schrift war sie erlaubt. Wird mancher sagen, das versteht man ja nicht, wenn man nicht Latein kann. Und ich sage, das hat einen großen Vorteil, wenn man's nicht versteht!

Solche Stellen stehen eine ganze Menge in dem alten jüdischen Testament, wie die drei vorgenannten, alle kann ich nicht aufzeigen, denn ich will sonst etwas auch noch schreiben und nicht immer von den alten Juden.[26] Ich habe dieses alte Testament gründlich durchstudiert und dabei gefunden, dass es sehr viele Widersprüche gibt: Kain und Abel waren die einzigen Kinder damals, Kain erschlug den Abel und flüchtet in das Land ostwärts von Eden, nimmt ein Weib, erkennt sie und sie gebärt ihm den Henoch, und Kain baut gleich eine Stadt und nennt dieselbe nach seinem Sohn Henoch (1. Moses 4,17).

Moses bringt vom Berg Sinai die zwei Gesetzestafeln mit den zehn Geboten Gottes, darunter: Fünftens, du sollst nicht töten. Die Juden tanzten um das goldene Kalb, nicht einmal vierzig Tage haben diese Auserwählten ihren Glauben bewahrt. Moses war zornig und warf die Tafeln aus seiner Hand und zerbrach sie (2. Moses 32,19) und sprach: Jeder tue sein Schwert um die Hüfte und gehet hin und her und jeder töte seinen Bruder, seinen Freund und Nachbar, und es fielen an diesem Tage bei 23.000 Mann (2. Moses 32,27-28).[27]

Derartige Widersprüche gibt's eine Menge, aber ich will sie nicht alle anführen, sonst krieg ich's, wenn mir der Herr Pfarrer draufkommt.

Wie ich schon gelesen habe, wird in Deutschland dieses Alte Testament, das jüdische Gesetzbuch, wie es in Wirklichkeit heißt, abgeschafft und den Gläubigen nur das Neue Testament gestattet.

Ich selbst halte das als etwas Selbstverständliches, denn für das arische deutsche Volk passt dieses jüdische Gesetzbuch nicht.[28)]

„Es wird ein Wein sein ..."
Die Weinhauerei jetzt und früher

Ich bin ein Weinhauer und das mit Stolz! Der Weinhauer, er schafft mit Hilfe der Mutter Sonne ein Produkt, das von Dichtern seit Menschengedenken besungen wurde. Unzählige Verse, Reime, Gedichte und Lieder gibt's über den Wein. Welches Produkt wird noch so besungen? Wer kann mir eins nennen? Niemand! Ich selbst weiß auch keines. Was noch so besungen wird, das mag vielleicht die Liebe sein. Aber die Liebe ist kein Produkt, braucht auch nicht geschaffen werden, denn sie kommt unverhofft allein und schafft selber. Ein witziger Bauer sagte einmal: „Neun Monate nach 'n Kiritog kimt dos Produkt aussa." Also „d' Liab", wenn's gleich auch besungen wird – mit dem Wein hält sie keinen Vergleich aus. Beim Wein weiß man, was er ist und wie er ist, man sieht ihn und auch seine Wirkung sieht man, während man bei der „Liab" nichts sieht und nichts hört und kein Mensch weiß, was es ist, ich selber weiß es auch nicht. Ein weiser Mann sagte einmal, sie ist die Schwester der Dummheit, so wird's sein. So, und jetzt bleiben wir beim edlen Produkt Wein und bei seiner Plage.

Jung, schon während die Schulzeit, werden die Hauerkinder zur Mithilfe im Weingarten angestellt. Im Frühjahr beim Schneiden, Rebenklauben, beim Fastenhauen, wie es früher war, beim Ebenmachen, beim Steckenschlagen, das heute auch nimmer ist, die Weinstecken zu jedem Stock legen, beim Abräumen (Jäten), „Ausblatteln", beim Binden, „Ausleutern" (Irxenbrut ausbrechen), beim Scheern, Graszusammenklauben usw. Dies fällt einem Schulbuben zwar schwer, aber diese Vorkost ist sehr vorteilhaft für später, wenn's ernst wird.

Ich schildere hier die Weinhauerei aus den achtziger Jahren, als ich selbst angefangen habe, ein Weinhauer zu werden.

Das Schneiden wurde zu dieser Zeit schon mit der Schere gemacht. Nur einen Hauer weiß ich noch, der mit dem Messer schnitt, denn mehrere Jahrzehnte früher wurde alles mit dem Weinmesser geschnitten. Ich selbst habe diesem Hauer zugeschaut, Franz Schuckert hieß er, es ging etwas langsamer, aber er machte schöne Arbeit. Diese Arbeit ist lästig, weil sie meistens auf der „Gfrier" geschieht, da friert einen in die Füße, dann gegen Mittag wird's „lahn" (taut auf), und dann muss man im Kot nach Hause gehen.

Das Fastenhauen war die schwerste Arbeit und dauerte in der Regel drei Wochen. Für einen jungen Anfänger ist's schlecht, der bekommt Blattern auf den Händen und fürchterliches Kreuzweh. Als ich im Anfang immer auf mein Kreuz zurückgegriffen habe, da sagte meine Mutter: „Wenn du den Kuckuck das erste Mal schreien hörst, so walze dich am Rain, da tut's dann nimmer weh." Als ich den Kuckuck schreien hörte, da habe ich mich dann so fest gewalzt, aber 's Kreuz hat mir doch recht weh getan. Im Anfang durfte man nur Greftenhauen, das war leichter. Wer einmal Balken hauen konnte, der war stolz und galt schon so ziemlich für einen vollwertigen Hauer.

Abjäten und Binden war so, wie es heute noch ist. Im Herbst war das Steckenziehen und Anhauen; das hat sich aufgehört. Die Weinstecken werden heute nicht mehr ausgezogen, und das Anhauen wird heute mit dem Pflug gemacht.

Im Weinland war es immer Brauch und ist's heute noch, dass die Bauern mit ihrem Fuhrwerk den kleinen Weinhauern das Ackern und Fuhrwerk besorgen, und diese helfen dafür wieder den Bauern im Taglohn. Diese Gegenseitigkeit ist gut und hat auch ihren Vorteil, das heißt, wenn beide Seiten verlässlich sind. Immer war's nicht der Fall.

Ich war in meiner Jugend auch Tagelöhner und habe so ziemlich im ganzen Viertel die Bauernhäuser absolviert, da hab ich einen Unterschied gesehen, das wird mir wohl jeder, der dies liest, glauben. Es gab sehr gute Häuser, damit ist aber nicht gemeint, dass die Häuser gut gebaut waren, sondern die Menschen drinnen waren etwas wert. In der Brunngasse habe ich in den meisten Häusern gearbeitet, die besten davon waren beim Josef Riegelhofer, beim Johann Lewitsch, beim Alois Haimer, beim Eduard Künstler. Da war auch Lust zur Arbeit vorhanden.

Dass es in obengenannten Häusern so gut war, war den Hausfrauen zuzuschreiben. Alles rein und appetitlich, pünktlich um elf Uhr das Mittagessen am Feld, der Wein so, wie ihn der Herrgott wachsen ließ, und ein freundliches Gesicht dazu. Ja, so war's in diesen Häusern, ich hab's noch nicht vergessen.

Ich hab es aber auch anders getroffen.

Vom Morgengrauen bis zur Abenddämmerung immer drauf und dran, den ganzen Tag kein Witz, keine Hetz, bei jedem Glockenton den Helm herunter und beten, am Abend meistens noch einen Haufen Kukuruz abrebeln, dann noch ellenlange Gebete: in der Fastenzeit die fünf Wunden, dann der Engel des Herrn und zum Schluss noch das Tischgebet mit tiefem Kopfneigen, das war nicht nach meinem Geschmack, denn da hab ich mir immer gedacht: das passt nicht ganz zusammen, eine ungeheuer tiefe Andacht und eine recht seichte Schüssel, aber ich hab's trotzdem durchgemacht und hab dabei noch profitiert, denn wie könnte ich's heute schreiben?

Ich hab auch in Häusern gearbeitet, wo es auch gut war, wenn auch nicht so, wie in den vier erstgenannten Häusern, aber witzige, stets gut gelaunte und unterhaltliche Hausleute, und da hat's mir noch am besten gefallen. Gute Laune, freundliches Gesicht und guter Witz, das ist die Würze des Lebens.

Zu meiner Zeit war der übliche Taglohn 40 Kreuzer, manche zahlten nur 35 Kreuzer; die pochten auf ihr „großes Dreschen". Solch ein großes Dreschen war etwas Begehrtes, da hat sich so mancher kleine Hauer im Winter fürs ganze Jahr das Brot verdient. Den Hafer für die Bauernarbeit, Gerste fürs Vieh und Weizen zu Kochmehl. Heute ist das vorüber, niemand kann im Winter mehr etwas verdienen, die Maschine frisst allen Verdienst weg. Hauerleute, die bei einem Bauern im Quartier wohnten, mussten einen Weingarten arbeiten, in der Regel ein halbes Joch, das waren 3000 Stock, 35 Gulden, Rebholz und Grünfutter. In der Kriegszeit und Nachkriegszeit wurde nur für Korn gearbeitet.

Die Weinhauerei ist ein schöner Beruf, ich sag's noch einmal, und das mit Überzeugung, man ist immer, immer in Gottes freier Natur, man sieht alles wachsen, gedeihen und reifen, man ist ein freier Mann auf seinem Grund und Boden, das heißt, wenn nicht die Sparkasse oder so ein Wohlfahrtsinstitut die Hand drauf hält, man braucht sich vor niemand zu bücken und man kann auch nicht herunterfallen, wie etwa Maurer, Zimmerleute oder Kirchturmspitzvergolder. Und dann bringt die Weinhauerei auch ihre Freuden, der Weinhauer, er freut sich schon den ganzen Winter aufs Frühjahr, wenn die Arbeit draußen angeht, er freut sich, wenn der Weingarten zum Grünen anfängt, er freut sich, wenn die Trauben blühen, wenn sie gedeihen und reifen, und er freut sich, wenn's der Nachbar recht schlecht hat, das ist aber Schadenfreude. Das sollte wohl nicht sein, aber es ist bestimmt so.

Der Wein ist eine Gottesgabe wie das Brot und soll deshalb mit Ehrfurcht genossen werden. Wenn so mancher wüsste, was an einem Glas Wein für Arbeit, Kummer, Sorgen und Auslagen dran-

hängen, bis es durch seine Gurgel rinnt, er würde staunen und mit Ehrfurcht trinken. Mit Maß und Ziel genossen, erfrischt und kräftigt er, ein wenig mehr kommt gute Laune und großer Mut, und selbst Kranke werden gesund; wenn's aber drüber geht, dann werden die Gesunden krank, und es dauert oft nicht lange, so hängt er auch schon seinen Schild aus, in Rot, Blau und Kupfer. Ich habe schon so manchen beobachtet in meinem Leben, der glaubte, weil's umsonst geht, muss er sich vorsaufen auf längere Zeit, hat aber die Rechnung ohne seinen Magen gemacht; der handelt nämlich nach Naturgesetzen und kennt keine Gefühlheuchelei, er duldet nichts Überflüssiges, macht keine langen Geschichten und wirft nicht nur das Überflüssige, sondern alles, was drinn und drunter ist, nach oben hinaus, und zwar mit einer Gewalt, der der Stärkste nicht widerstehen kann, ohne Rücksicht auf seinen Herrn und Inhaber, den Menschen, und ohne sich bei dem zu entschuldigen. Der Mensch selbst handelt nicht so selbstverständlich, gründlich und energisch! Wenn ein lästiger Besuch kommt, wo er schon im vorhinein weiß, dass es um den Kellerschlüssel geht, da sagt er nicht das, was er sich denkt, denn da müsste er sagen: „Schaut's, dass weiterkommt's, ich brauch euch nicht!" Er sagt das Gegenteil: „Ah, das ist was Seltsames, das freut mich, ja, da müssen wir heut den Heurigen kosten", und er führt sie in den Keller und lässt den Heurigen der Reihe nach kosten: „Trinkt, wenn er euch schmeckt, geniert euch nicht! So jung kommen wir nimmer zusammen." Und wenn dann die Besucher meinen, es ist schon Zeit, was werden denn unsere Weiber sagen? „Aber bleibt nur und trinkt, die Weiber geht das einen Schmarrn an." Die Besucher wollen ohnehin noch nicht gehen, und der Gastgeber hätte sie schon lange gern draußen, einer lügt den andern an! Dies kommt selten vor, aber es ist schon vorgekommen, und drum schreib ich's nieder. Der Betreffende beklagte sich bei mir, dass ihm die Gesellschaft über zehn Liter Wein ausgesoffen habe, wenn die öfter kämen, die sauferten mich bettelarm. Die gingen mir noch ab!

Der Weintrinker soll auch wissen, wenn er sein Viertel um 40 Pfennig trinkt, was da alles dran hängt, bis er's trinkt! Acht Arbeitsperioden verlangt der Weingarten. Im zeitlichen Frühjahr das Schneiden, dann das Fausthauen oder Ackern, dann das Jotscheeren, dann das Abjäten, dann Binden und wieder Scheeren, dann Überbinden und Einkürzen, dann nochmals Scheeren, dann eine Spritztour mit Schwefelkalkbrühe gegen die Kräuselkrankheit, vier Spritztouren mit Kupferkalkbrühe gegen die Peronospora und eine Bestäubung mit Schwefelstaub gegen das falsche Mehltau. Dann ist die Lese, die viel Arbeit und Anstrengung kostet, und nach der Lese ist noch einmal der Erdboden zu lockern. Außerdem ist der Weingarten alle drei Jahre zu düngen – das ist das Schwerste!

Wenn dann der Most in die Fässer gefüllt ist, dann kommt der Hauptakt, der Gärungsprozess. Dies besorgt er selbst, dazu braucht er niemanden, er versteht's selber und zwar aus dem Effeff. Er siedet und kocht, wirft den Schmutz oben beim Spundloch hinaus, gleich dem überfüllten Magen macht er's, das Erdige lässt er zu Boden fallen und an den Wänden setzt er ein glitzerndes Produkt ab, das man den Weinstein nennt. Außerdem entwickelt er ein Gas, das im Weinlande schon vielen den Tod gebracht hat, wenn sie sich zu lange bei ihm aufgehalten haben. Er will niemand dabei bei seinem Prozess, er dringt allein durch und wird das, was er sein soll: ein echter, reiner Wein. Wenn dies erreicht ist, dann wird er vom Lager weggezogen in ein anderes Fass, damit er sich ganz klärt und damit verkaufsfähig ist. Dann kommt der Vermittler mit einem Käufer, in unserer Gegend meist Wiener Wirte, da wird dann gefeilscht und gehandelt, jeder führt das Seinige ins Treffen, um einen Vorteil zu erreichen. Ich kann zurückdenken auf meine Weinverkäufe so weit ich will, ich war jedes Mal der Dumme! Wenn dann das Geschäft gemacht ist, kommt ein hupendes Auto und der Wein wird nach Wien geführt. Hier wird ihm noch eine Erholungspause gegönnt und dann in seiner jugendlichen Kraft, Reinheit und am Höhepunkt seines Werdens den Gästen vorgesetzt, damit sie ihn vertilgen! Dies ist der Werdegang und das Ende dieses so viel besungenen Produktes, das man Wein nennt! Jede Aufklärung soll gründlich sein, das ist meine Meinung!

Im Weinlande dreht sich alles Gespräch um den Wein. Wenn im zeitlichen Frühjahr zwei Weinhauer einander begegnen, so ist das erste: *„Nau, werd ma bold aussi?“* Da ist der Weingarten gemeint. Wenn im April die Augen anschwellen, da hört man von jedem: *„Sie kemman schon“*, die Weinstöcke treiben schon, heißt das. Wenn die Triebe aus der Wolle kommen und sich entfalten, sagt einer zum andern: *„Sie schaun schon oa aussa.“*

Gemeint sind die Traubengescheine; genannt werden sie nicht, es ist ohnehin etwas Selbstverständliches. Wenn sie zur Blüte kommen, das etwas Herrliches ist, besonders wenn die Luft vom Weingebiet her über den Ort zieht, da dürfte alles in Parfüm getaucht sein, es gibt überhaupt kein solch feines Parfüm, das dem Duft der Trauben gleicht. Die Trauben verlieren beim Blühen ihre Kappen, da heißt's: „Heut kriegen die Pfarrer billige Kappen", weil sie denen gleichen. Wenn dann die Beeren wachsen und die Trauben senken sich infolge der Schwere, da hört man:

„Sie senken sich schon aus dem Bandl.“ Wenn sie dann in die Reife kommen und es werden die ersten weichen Beeren gefunden, das ist dann das Tagesgespräch: Der oder jener hat schon weiche Körndl gefunden! Solch einer, der die ersten „weichen“ findet, ist für einige Tage ein berühmter Mann, bis ein anderer auch welche findet. Es wird aber auch viel aufgeschnitten und gelogen. Die aber aufschneiden und lügen sind bekannt und man spottet nur über sie.

Da war einer, der war immer voran! Wenn jemand sagte: „Bei mir blühen schon die Trauben“, da hieß es gleich: „Das ist gar nichts, beim Koschpa werdn's schon zeitig.“

Wenn dann die Lese im Gang ist, da herrscht ein Leben im Feld und in den Kellergassen, die Pferde mit Glocken behängt, das Zeug mit Blumen geschmückt, in den Kellergassen da gibts ein Hü, Hot, ein Peitschenknallen und Glockengeläute, ein Hin und

Her, damit die Fuhrwerke füreinander kommen und das dauert oft bis spät in die Nacht. Wenn schönes Wetter ist, geht's, aber Gott erbarm's bei Regenwetter, wenn alles bis auf die Haut durchnässt ist und bis zu die Knöchel im Kot watet. Bei der Lese wird trotz Regen die Arbeit nicht abgebrochen, denn da heißt's, das Lesen muss heim! Das Anstrengendste dabei ist das Körndlaufklauben, besonders wenn's nasskalt ist und die Finger steif sind. Da gibt's aber findige Helfer, die krauken mit dem Stiefel Erde darüber, das geht geschwinder und ist leichter, damit ist aber der Herr nicht einverstanden, denn der sagt, in die Körndln ist heuer der Most drinn! Solcher Helfer bekommt eine Rüge und wird nächstes Mal nicht mehr begehrt. Die Hauptmahlzeit ist in der Früh, zu Mittag gibt's meistens Brot, Käse und Wein. Am Abend dann wieder eine volle Mahlzeit. In der Lese ist das Essen kräftig und reichlich, in der Regel wird geschlachtet, da gibt's dann Fleisch und Würste. Bei den zusammengewürfelten Helfern gibt's auch köstliche Witze, so dass es den ganzen Tag recht unterhaltlich ist. Auch derbe Witze fallen, und da auch immer Kinder dabei sind, so heißt's gleich: „Bloßfüßige sind da" oder „Schindl sind am Dach" – man lässt so etwas nicht aufkommen.

Wenn dann die Lese vorbei ist und der Wein vergärt hat, dann wird gegenseitig gekostet, und da werden manche Männer dicke Freunde, kommen täglich im Keller zusammen, heute bei dem, morgen beim andern, und offenbaren beim Wein in ihrer Dummheit einander ihre Geheimnisse, dass dann, wenn einmal der Verdruss kommt, der bei dummen Leuten selten ausbleibt, eine lästige Sache ist. Ich kannte zwei Nachbarn, die auch beim jungen Wein so dicke Freundschaft schlossen und täglich im Keller beisammen waren und dabei einander nicht nur ihre Schulden und ihre Schlechtigkeiten, sondern auch ihre ehelichen Geheimnisse beichteten. Die beiden waren einer so dumm wie der andere und beide zusammen so dumm wie Gott allmächtig. Da kam der

stille Verdruss, dann der Streit, und weil sie Nachbarn waren, auf offener Gasse, für jeden Neugierigen freier Zutritt, ein großartiges Theater ohne Eintritt! Was die zwei da einander zuschrien, alles Anvertraute im Keller, ihr ehelichen Geheimnisse gegenseitig bis in die kleinsten Details, dabei brachten sie einander in eine derartige Wut, dass sie zum Raufen anfingen. Das war der Höhepunkt! Wenn zwei kräftige Männer miteinander raufen, wie sie die genagelten Stiefel kräftig auf die Erde stützen, dass das Feuer von den Kieselsteinen fliegt und um dem Gegner standzuhalten, das sieht man nicht alle Tage. Ich hab's geseh'n, denn ich war Zuschauer ohne Eintritt. Da der Kampf hin und her wogte und keine Entscheidung fiel, so griffen auch die Weiber ein, jede für ihren Mann, zum Schluss auch noch die größeren Kinder. Und was war die Ursache? Der edle Wein!

Einen besonderen Ruf genießt auch der Kellerschlüssel. Man hört niemals: „Gib mir Wein", oder „Lass mich trinken", nein, sondern „Geh, nimm den Kellerschlüssel!" Was dieser Kellerschlüssel alles am Gewissen hat, da könnte man Bände schreiben. So mancher Hauer, der abends noch im Keller alles genau besichtigt hat, ob kein Fass rinnt, kein Reifen gesprungen ist usw., und alles in Ordnung gefunden hat, legt sich ganz glücklich zu Bette, weil er alles sicher und in Ordnung weiß, rechnet im Kopf noch zusammen, was er für den Wein einnimmt, wenn der Liter eine Reichsmark kostet, und schlummert sanft hinüber. Der Sohn wartet schon auf diesen Moment, heute hat er seine Kameraden in den Keller eingeladen, aber er muss erst dem *„Alten"* den Kellerschlüssel stibitzen. Der Junge ist findig, ganz harmlos macht er sich zu schaffen und holt ihn aus des „Alten" Hose heraus, die am Stuhl hängt, und geht mit den Kameraden in den Keller, denn heute ist's an ihm, das nächste Mal ist's an einem andern. Der Alte hat nichts gemerkt, er ist mit seiner Markrechnung eingeschlummert, und der Traum hat sich gleich weitergesponnen von einer ganzen Butten voll Mark, im Keller auch alles sicher, da ist's gut schlafen. Die Burschen unterhalten sich köstlich, die Mädln werden ausgelegt, die welche schöner ist, welche besser tanzen kann, ob und welche freigiebig ist und wie viel Heiratsgut die und jene einmal bekommt usw. Dann wird gesungen und der Wein gründlich durchgekostet, wobei jeder seine jugendliche Weisheit glänzen lässt: Der ist fetter, der andere rescher, der dritte bukettreicher und so fort. So mancher der tut gar gescheit und findet aus den Weinen Sachen heraus, die gar

nicht drinnen sind; den lässt man „anrennen". Der Gastgeber gibt ihm drei bis vier Gläser Wein zum Verkosten, die alle aus einem Fasse sind, und er, weil er das nicht weiß, findet bei jedem eine andere Eigenschaft; da gibt's dann Gelächter, er muss dann die Frotzlerei über sich ergehen lassen und ist dann erledigt mit seiner Gescheitheit. Jeder sauft sich natürlich gründlich an, um dann in der Gasse ordentlich Krawall zu machen und die Polizei zu ärgern. Wenn nicht mehr geschieht, als dass die Burschen sich ansaufen, das geht noch an, aber wenn sie verschleppen, eimerweise, so wie es nach dem Kriege war, das ist schon etwas gefährlicher. Da wurde in so manchem Keller, wenn der Alte zu Hause gut schlief, aus einem Fasse ein Eimer oder auch zwei abgeschlaucht und mit Wasser zugefüllt; das dürfte heute nicht mehr der Fall sein, und dazumal war nicht viel dabei: Es war das Geld nichts wert, das die Burschen vom Wirt dafür bekamen, so brauchte auch der Wein nichts wert sein!

Und die Burschen bei ihrer Kegelpartie, wenn sie auch den Wein aufgefüllt haben und den Keller in Ordnung gebracht und der Junge den Kellerschlüssel wieder dem „Alten" in den Hosensack hineinpraktiziert hat, der „Alte" kennt's doch! Wo wär denn der Zigarettenrauch her und die Stümpf? Entweder gibt's einen Krach oder er schweigt und legt den Kellerschlüssel hinter seine „Happen", das heißt Kopfpolster! Jetzt wird lange keine Gelegenheit sein, den Kellerschlüssel zu stibitzen, aber das ist gar nicht notwendig, denn jetzt muss ihn ein anderer nehmen und so der Reihe nach, und bis es wieder an ihn kommt, hat's der „Alte" schon vergessen!

Der Keller ist ein beliebter Ort, er ist dem Hauer seine Studierstube! Er plaudert, wenn er ganz allein ist, mit sich selber, entwirft seine Pläne, um sie dann in der Regel nicht auszuführen, denn was beim Wein gemacht wird, das weiß ohnehin jeder! Die Wahlen früher, sie wurden alle in den Kellern eingeleitet, besprochen und auch fertig gestellt, jede Partei in ihrem Keller. Da wurden dann von den beiden Parteien Späher ausgeschickt, um die Pläne des Gegners zu erforschen. Der geeignetste Ort war da die Dampfröhre, das ist eine Röhre gleich einem Rauchfang-Zylinder, der vom Keller zur Erdoberfläche führt und zum Luftwechsel gehört. Ein Horcher konnte da ganz gut alles ablauschen und es „seinen Leuten" berichten, die dann leichter „arbeiten" hatten.

Wenn der Horcher ein Spitzbube und zwar ein geriebener war, so kam's vor, dass er zum Schluss noch in die Dampfröhre seine Notdurft verrichtete, so dass er der Wahlberatung der Gegner ein jähes Ende bereitete. Der Übeltäter selbst nahm dann fluchtartig Reißaus in ein sicheres Versteck, die Hose in den Händen tragend, denn sonst wäre es um ihn geschehen gewesen. Wenn er dann glücklich zurückfand zu „seine Leute" und berichtete das Erlauschte und Begangene, war er der Held dieser Nacht. Kaum, dass die Sonne ganz in der Höhe war, wusste es schon die ganze Gemeinde, und alles war da fröhlich und heiter, bis auf diejenigen, die vom Schicksal und vom andern getroffen wurden!

Dieses jetzt Geschilderte hat mit der Weinhauerei nichts zu tun, aber es spielt sich an dem Ort ab, wo sich des Weinhauers Produkt, „der edle Wein", befindet, und geschildert hab ich's aus dem Grunde, damit die Nachwelt sich eine richtige Vorstellung machen kann, wie in den Weinbau-Gemeinden für das Wohl der Gemeinde gesorgt wurde!

Ich habe schon von der Schreibfeder gelesen, was die für riesige Arbeit braucht, bis der junge Mann seiner Liebsten damit schreiben kann, dass er sie gern hat. Auch von der Nähnadel, was die alles braucht und durchmachen muss, bis das Weib dem Manne einen Knopf annähen kann, und das ist für jeden interessant! Aus diesem Grunde glaub' ich auch, dass es die Weintrinker in der

Stadt interessieren wird, wie ein Weingarten wird und was er braucht, bis ein Wein drinnen wächst! Das erste ist das Veredeln. Auf amerikanische Unterlagen werden Edelreiser draufgepfropft, im Treibhaus vorgetrieben, dann in die Erde eingeschult, das nennt man Rebschule. Wenn man Glück hat und schöne Setzlinge herausbringt, so wird der betreffende Grund rigolt, das heißt 50 Zentimeter tief wird die unterste Erde nach oben geworfen und die oberste nach unten. Früher war es Handarbeit mit der Grabschaufel, jetzt mit dem Pflug, an dem vier bis sechs Pferde angespannt sind, die manchmal vor Schweiß rauchen, besonders wenn sie anstatt mit Hafer mit Runkelrüben gefüttert werden, weil's die schwerste Arbeit ist für Pferde. Dann wird der Grund geglättet, damit er gleich ist wie ein Tisch. Jetzt werden nach der Schnur in gleichen Reihen und regelmäßigem Abstand, überall da, wo ein Weinstock hinkommt, kurze Pfähle eingesteckt, dann werden die Reben gesetzt. Dies ist eine Arbeit für geschulte Hauer, denn sie dürfen nicht zu hoch und auch nicht zu tief gesetzt werden. Bei dieser Arbeit wird in der Regel viel Wein getrunken und fest juhu geschrieen, denn nach einer Überlieferung von den Alten wächst sonst kein Wein drinn. Früher, bei der alten Weinkultur, wurde dieser Brauch gründlich gepflegt, da gab's Räusche, so groß wie die Häuser. Heute ist man von diesem Brauch schon meistens abgekommen, man weiß, dass man ohne dieser Sauferei auch einen Wein baut, und übrigens wird heute der berühmte Haustrunk gereicht, und der verleitet zu keinem Juhu! Ich selbst war einmal mit vier anderen Taglöhnern im Rebensetzen und habe diese alte Überlieferung gründlich kennen gelernt. Um 8 Uhr, bei Frühstück, war schon alles benebelt, ein junger Bursche, Konitsch mit Namen, der konnte nach dem Frühstück nicht mehr auf, er versuchte es einige Male, alles vergebens. Mir kam er vor wie der Vorbeter in der Gnadenkirche Maria-Dreieichen, der sich mit aller Andacht auf die Knie niederließ, um den Boden dieser heiligen Stätte zu küssen, und dann nicht auf konnte. Der Bursche blieb liegen, übergab den kostbaren Mageninhalt, Selchfleisch, Brot und Wein, dem Erdboden und blieb selbst so liegen bis Mittag. So schaut's aus mit den alten Überlieferungen. Der alte Ließ sagte immer: 99 Hauer, 100 Narren.

Zum Herbst wird dann gedüngt oder zumindest das nächste Jahr. Im zweiten Jahre wird er dann gepflegt wie ein Weingarten, was sehr leicht ist. Im dritten Jahr bekommt er Weinstecken, und im vierten Jahre bringt er meistens schon einen kleinen Ertrag. Das erste Baugut muss ausgesoffen werden, sagten die Alten und taten's auch. Heute ist man von diesem Brauch abgekommen und füllt ihn drunter, weil es der beste ist. So, und nun ist der Weingarten fertig und man sagt, „er ist im Tragen".

Aber nicht immer geht die Sache so rasch! Wenn Engerlinge sind im ersten Jahr, so ist's manchem schon passiert, dass von diesen Schädlingen der ganze Aussatz vernichtet wird und das nächste Jahr der ganze Weingarten frisch ausgesetzt werden muss. Das ist dann eine lästige Sache, denn es sind nicht nur die teuren Setzlinge, wo doch das Stück 20 Reichspfennig und darüber kostet, verloren, sondern der Weingarten ist auch um ein Jahr zurück. Wenn er dann in fünf Jahren einmal einen Erfolg hat, so soll man sich gar nicht wundern, wenn er sich einmal einseitig aufladet, so dass er beim Nachhausegehen die ganze Kellerwegbreite für sich in Anspruch nimmt. Manchmal ist es schon vorgekommen, dass zwei solche zusammenrannten und beide

fielen und keiner konnte mehr auf. Im Weinland ist das „zu viel" in vier Grade eingeteilt. Der erste Grad heißt *„ongstrat"* (angestreut), der zweite *„hochgradig"*, der dritte *„schief aufgeladen"* und der vierte *„fix und fertig"*. Solche Leute, die mit einem dieser vier genannten Grade behaftet sind, begegnen einem nach der Lese ziemlich oft und ein jeder will die Geschichte verheimlichen und strengt sich an, schön aufrecht zu gehen, aber es geht nicht! Wenn Männer unsicher gehen oder gar auf der Erde herumkriechen, geht das noch an, weil es eben Männer sind; aber wenn Weiber so unsicher dahergehen oder gar auf der Erde liegen, da hört sich dann allerhand auf. Ich habe schon einige Male solch einen *„Fall"* gesehen, und obwohl eine davon mit schwerer Zunge behauptete, dass sie wieder einen *„Anfall"* hat, so glaubte ich bummfest, dass es ein *„Umfall"* war. Mir wurde einmal von solch einem Sumper vorgeworfen, dass ich keinen Glauben habe.

Ach, ich habe schon einen, und zwar einen vernünftigen und felsenfesten dazu, ich täusche mich nie! Auch bei diesem *„Umfall"* war mein Glaube richtig! Ich will das schöne Geschlecht nicht beleidigen, es geht ohnehin nur die an, die sich betroffen fühlen, und die werden sich auch nicht aufhalten, denn das wäre dann verdächtig! Dieses „hochgradig" und dieser „Umfall" ist zwar nichts von der Weinhauerei, aber es kommt vom Produkt der Weinhauerei, vom edlen Wein und darum habe ich's angeführt, und dass die Männer nicht alles allein schleppen müssen, so habe ich an die Weiber auch etwas abgegeben.

Der Weinhauer muss nicht nur fleißig, ausdauernd und abgehärtet sein, er muss auch ein Wissen haben. Das Spottwort „Gscherter" gilt heute nimmer.

Der Beruf ist sehr schwer, aber wenn der Hauer bedenkt, dass er ein freier Mann ist, dass es in seinem Stande so viel Fröhliches und Heiteres gibt, so muss er sich glücklich fühlen, so dass er mit der ganzen Welt nicht tauscht.

Der Weinhauerstand hat auch seine Leiden und die sind manchmal sehr groß: da sind einmal die kalten Nächte im Mai, wo der Weinhauer wochenlang aus dem Kummer nicht herauskommt und gfriert's wirklich, so kann er wieder zwölf Monate warten. Dann im Sommer die Hagelwetter; am ärgsten ist's mit der Peronospora. Bei nasskalter Witterung im Juni, Juli, kann binnen einigen Tagen die ganze Lese vernichtet sein. Dann gibt es noch viele andere Schädlinge, die dem Weinhauer Kummer und Sorge bereiten. Trotzdem ist es ein schöner Beruf, denn Kummer und Sorgen hat jeder andere Beruf auch. Oder ist es vielleicht besser, ein Handwerker zu sein? Das hat heute kaum mehr einen blechernen Boden. Oder ein Lehrer, der sich mit dummen und boshaften Kindern abärgern muss? Oder ein Advokat, der einem Verbrecher Tugenden andichten muss, dass es ihm selbst zu dumm ist? Geht's mir weiter, ich halt's mit der Weinhauerei!

Ein Kaufmann, dem die Leute Schulden anhängen, dass er selbst darüber zugrunde geht oder dass sie mit Geld an seiner Tür vorübergehen? Ein Beamter, der schön gehorsam sein muss und seine ehrliche Überzeugung verleugnen muss, damit er nicht hinausfliegt? Ein Pfarrer? Nun, das lass ich schon gelten, denn der braucht sich nicht zu bücken, da sich die Gläubigen ohnehin vor ihm bücken, und außerdem sind ihm die ganzen sündigen Geheimnisse in der Gemeinde bekannt, dass mancher Neugierige viel geben würde dafür.

Also bleibt's bei der Weinhauerei und beim Pfarrer!

Ich selbst gehöre diesem Beruf mein ganzes Leben lang an, seit dem Jahre 1893 bin ich selbstständig und habe gute und schlechte Jahre erlebt und werde einige davon bekannt geben. Ich selbst kann mich bis zum Jahre 1875 erinnern, was früher war; das haben mir ältere Leute erzählt.

1865 war es sehr wenig, da es auf sauren Wein immer sehr wenig treibt, jedoch sehr gut.

1866 war das denkbar schlechteste Jahr. Zwei Nächte nacheinander, am 23. und 24. Mai, war eine große Gefrier, so dass Wein und Frucht vernichtet waren. In diesem Jahr war der Krieg mit Preußen und die Cholera. Die Preußen waren in Poysdorf. Am 3. Juli war die Schlacht bei Königgrätz und am 16. Juli rückten schon die preußischen Ulanen in Poysdorf ein.

1868 war ein außergewöhnlich gutes Weinjahr, viel und gut. Die Trauben wurden zu Zibeben. Der Wein war anfangs billig, stieg aber dann später im Preise bis auf 25 Gulden per Eimer. 1811, 1834 und 1868 waren in diesem Jahrhundert die besten Weinjahre in der Qualität, der 34iger soll gebrannt haben, wenn man ihn anzündete. Der alte Heindl Andreas hat mir erzählt, er war 1816 geboten, war also damals 18 Jahre alt: „Mei Voda hot am Tisch an Wein ausgschütt und hot'n anzündt und er hot brunna."

1875, das ich selbst noch in Erinnerung habe, war ein reiches Wein- und Obstjahr. Wein ist so viel gewachsen, dass er nicht zum unterbringen war, Bottiche wurden überdeckt und zugemauert. Während der Lese war ununterbrochen Regen, die Feldwege waren nahezu unfahrbar, vier Pferde mussten stellenweise angespannt werden, um durchzukommen. Der Wein kostete von 1.50 fl. Bis 3 fl. Per Eimer. Obst gab's in diesem Jahre so viel, dass mehr zugrunde ging als in normalen Jahren wächst; Pfirsiche lagen in der Lese so viel am Erdboden, dass man nicht treten konnte, Zwetschken gab's auch in solchem Überfluss, dass die Schweine damit gefüttert wurden, eine Metzenbutte[29)] voll kostete in der Pointner-Mühle 50 kr.

1892 war wieder wenig. Dieses Jahr haben schon mehrere gespritzt, jedoch die meisten zu spät. Ich habe in diesem Jahr auch gespritzt, natürlich auch zu spät, da gab's einen großen Krach. Meine Mutter sagte oder schrie es vielmehr: „Du kannst deine Weingärten spritzen, wennst welche hast, ich lass die meinigen nicht ruinieren." Einige Jahre später gab's denselben Krach, weil ich noch einige Tage zuwarten wollte. „Du kimmst wieder z'spot." So geht's auf derer Welt.

1897 war starker Reif und der Heuwurm vernichtete sehr viel; in zwei Viertel Weingärten, Freiberg und Lehsatz, fechste ich drei Eimer. In diesem Jahr gab es so viel Kröten, dass man am Steig nicht treten konnte, und alle hüpften sie von Osten nach Westen. Wo die herkamen und hingingen weiß man nicht. Ich ging einmal von der Kirchenmühle an dem Lehsatzweg hinunter zu meinem Weingarten; da hüpften mir Kröten entgegen ohne Unterbrechung zu hunderten und tausenden, keine links, keine rechts, alle am glatten Steig, alle in der Richtung nach Westen. Mich fasste der Ekel an. Dies dauerte wochenlang, dann haben sie sich langsam verloren. Dasselbe Jahr traten auch die Mäuse auf und machten riesigen Schaden.

1916 war eines der schlechtesten, wir bekamen kein Kupfervitriol, das brauchten sie samt den Glocken zum Kriegführen.

1917 war der beste Wein bisher im Jahrhundert und kostete nach der Lese 4 Kronen per Liter. Da die Geldentwertung war, kostete er im nächsten Jahr schon 50 bis 70 Kronen, später dann ging's schon in die Tausender. Obwohl die Kronenwährung schon seit 1892 war, so rechnete man immer noch mit Gulden und Kreuzer. Vom Krieg an mit Kronen und Hellern.

1937 trat der Heu- und dann der Sauerwurm auf, dann setzte langes Regenwetter ein, die Trauben fingen an zu faulen und trockneten dann zusammen, sie gaben nahezu keinen Most. In diesem Jahr wurden Mindestpreise von 37 Groschen per Liter gesetzt. Dieses Jahr war auch ein sehr schlechtes Kornjahr. Die Kornfelder mussten die meisten im Frühjahr umgeackert werden. Es ist in diesem Jahr in Poysdorf und Umgebung nicht so viel Korn gewachsen wie ausgesät wurde.

Wahlen und Wähler – Bauer und Dichter

Das waren immer aufregende Zeiten, wenn eine Wahl war. Die Kandidaten mussten den Keller aufsperren und die durstigen Wähler einladen. Da hat sich so mancher Kandidat angeschmiert. Ein ganzes Fass haben diese Saufwähler ausgesoffen, und wenn in einem Keller der Wein gar war, dann gingen sie zu einem anderen Kandidaten weitersaufen und haben wieder diesem ihre Stimme versprochen. Die Räusche wochenlang kein Ende. Am Wahltag erreichte dieses Saufen seinen Höhepunkt, vor dem Wahllokal taumelten die besoffenen Gestalten herum, in der sicheren Hoffnung, wieder zu einem Suff gerufen zu werden. Die Gemeinsten von ihnen stellten sich offen am Marktplatz hin und verrichteten ihre Notdurft. Andere lagen im Streit bis zum Raufen, jeder für seinen Kandidaten. Klagen bei Gericht, jahrelanger, wenn nicht lebenslänglicher Verdruss war das Resultat einer solchen Wahl. Es gab aber unter den kleinen Wählern Charaktermenschen, die nicht zu bestechen waren. Da war der alte Helzl, der ging zum Wahllokal, kam ihm schon so ein Agent mit einem Stimmzettel entgegen: „Helzl, habt Ihr schon ein' Stimmzettel?" Darauf der alte Helzl: „Am Arsch lecken könnt's mich, ich wähl, wem ich will." Dies dürfte nach meiner Meinung das Richtige gewesen sein. Oder leicht nicht? So und ähnlich ging es in den achtziger und neunziger Jahren her, später dann wurde dieses Saufen und Beeinflussen am Wahltag verboten.

Bei einer Reichsratswahl war es in der Regel so: den Kandidaten, den kannten die Wähler nicht einmal dem Namen nach. Der Kandidat kam heraus, besprach sich mit den führenden Männern der Gemeinde, und die sagten dann den Wählern: „Den wählt!", und die Wähler taten so. Waren zwei Kandidaten, so sagten die Herren zu den Bauern: „Wählt euch den, der redet für die Bauern mehr", so wählten sie den, weil er für die Bauern mehr redet. Wählerversammlungen gab's damals nicht, so wie später. Die erste Wählerversammlung, wo es schon etwas stürmisch herging, war im Jahre 1897. Damals traten die Sozialdemokraten das erste Mal auf bei uns am Lande. Ihr Kandidat war Ludwig Wutschl. Die Versammlung war im Gasthaus Stubenvoll in der Laaerstraße. Alles war bummvoll von Neugierigen, jeder wollte den Sozialdemokraten sehen, wie der ausschaut. Die beiden Kooperatoren Bauer und Steif waren auch da und klärten die Leute auf, dass uns die alles wegnehmen wollen, die Religion aus dem Herzen reißen, die soll man gar nicht reden lassen usw. Der Kandidat kam gar nicht, der hatte Lunte gerochen, aber ein paar andere arme Teufel waren da, die soziverdächtig waren, die wurden infolge der Hetzerei der zwei Geistlichen von den christlichen Burschen weidlich durchgehaut und misshandelt. Ein Bursche, Franz Fleischer, tat sich dabei gar rühmlich hervor. Die Sache kam vor Gericht und der Fleischer musste einige hundert Gulden zahlen, die Geistlichen haben ihm nichts draufgezahlt. Bei dieser Wahl wurden auch Flugzettel ausgegeben mit einem Spottgedicht auf den Fürsterzbischof Kohn von Olmütz, das die Nachwelt auch wissen soll.

Man hasst den Schnaps in der Theorie
und liebt ihn in der Praxis.
Zwei große Brennereien hat
der Graf zu Thurn und Taxis.
Fürst Windischgrätz, der einst Premier,
besitzt nur drei bescheiden,
von Graf Colloredo und Mannsfeld
muss Konkurrenz er leiden.
Der Schnaps ist guter Leute Kind,
der Grafen, Fürsten und Barone,
doch dem Fürst zu Fürstenfeld
gebührt vor allem die Krone:

Zehn große Brennereien nennt er sein Eigen
und daneben steht ganz bescheiden
der Fürsterzbischof Kohn von Olmütz,
der er hat nur acht Schnapsbrennereien in Mähren.

Dieser Bischof war ein Judenstämmling[30)], wie der Name schon sagt, und versorgte mit seinen acht Schnapsbrennereien das ganze Mährerland mit Fusel, der Stellvertreter Gottes. In seiner Diözese ließ er gegen die Trunksucht predigen!

Die Reichsratswahl im Jahre 1911 war das Großartigste, das ich bei einer Wahl erlebt habe. Es war eine richtige Schlacht. Als Kandidaten traten auf der Christlichsoziale Dr. Albert Geßmann und der Großdeutsche Oberlehrer Rudolf Wedra von Eibesthal und außerdem trat noch ein sozialdemokratischer Zählkandidat auf, Laser mit Namen. Da gab's Versammlungen ohne Ende. Das Wahlfieber stieg bis zur Siedehitze. Alle Wände klebten voll von Plakaten: Wählet nur Rudolf Wedra! Wählet nur Dr. Albert Geßmann! Einige nationale Burschen machten sich den Spaß und verklebten den Christlichsozialen bei der Nacht die Fenster mit den Wedra-Plakaten – die waren wütend. Beim ersten Wahlgang war die Sache unentschieden, Geßmann und Wedra kamen in die enge Wahl. Mit Beihilfe der Sozialdemokraten siegten wir, die Großdeutschen.[31)] Rudolf Wedra war gewählt. Da wurden Böller geschossen und die Musik spielte mit Trommel und Tschinellen. Die Christlichsozialen hatten ebenfalls Musik bestellt und Lampions gerichtet, das war nun zwecklos, dafür hatten sie eine Wut, die in Tobsucht auszuarten drohte. Das war damals ein Leben, das wirklich wert war, gelebt worden zu sein. Diese Wahl war so aufregend und interessant, dass ich mir vornahm, darüber ein Gedicht zu machen. Ich habe es versucht und was ich da zusammengeschmiedet habe, will ich nun zum Besten geben:

Kaum dass der Wahlkampf angefangen,
sieht man schon an den Mauern prangen
Plakate, wo die Wählerschaft
ersucht wird um die Stimmenkraft.

Zur Versammlung soll'n sie gehen,
um den Kandidat zu sehen.
Dieser lärmt, schreit und schwitzt,
die Wählerschaft ganz stumm dasitzt.

Mund und Ohren aufgesperrt,
weil man so feurig reden hört.
Versprochen wird da riesig viel.
„Lebe hoch!" ertönt's Gebrüll.

Ist dann die Versammlung aus,
stürmt alles in ein andres Haus.
Dort ruft man wieder „Hoch" und „Heil",
obwohl man hört das Gegenteil.

Am Marktplatz streiten sich die Paare
und fall'n sich auch gleich in die Haare,
ein Geschrei und ein Getöse,
alles durcheinand ist böse.

Du lieber Gott, was soll das werden
bei der nächsten Wahl auf dieser Erden?
Ich sage es bei meiner Ehr:
Ein jeder braucht dann ein Gewehr,

einen Dolch und eine Lanze,
um dem Gegner in die Ranze
sie zu stoßen ohne Pardon,
dem christlichen Gesetz zum Hohn.

Auf den Plätzen, in den Straßen
werden dann die Wählermassen
unter lautem Schüsseknallen
dolchend aufeinander fallen.

Sterbende an allen Ecken,
Hunde werden Blut auflecken,
blut'ger Leichen große Menge,
so wird vom Wahlkampf sein das Ende.

Stille Ruhe, tiefer Frieden,
wenn die Wähler all – verschieden
und 's lebt nur mehr der Kandidat,
der täglich dann zehn Gulden hat.

Ich habe mich öfters versucht im Reimeschmieden und weil ich schon beim Gedicht bin, so will ich noch einige zum Besten geben. Im Jahre 1914, als der Weltkrieg war, da habe ich Slibowitz gebrannt. Ein Stamperl Slibowitz wird kein vernünftiger Mensch verachten, denn er macht reich, stark und gescheit. Folgedessen wert, dass er besungen wird.

Mein Slibowitz

Von diesen Tropfen natürlich und echt
nimmt man einen Schluck, ist der Magen etwa schlecht.
Bei Gicht und bei Rheuma, da hab ich gefunden
dass augenblicklich alle Glieder gesunden.
Will man vertreiben die Schmerzen im Bauch,
ich kann euch versichern, dafür hilft er auch.

Hat man viel Schulden und gar keinen Mut,
mein Gebräu ist dafür großartig gut.
Man bekommt drauf höchstens ein klein wenig Durst,
aber heldenhaften Mut, und die Schulden sind wurscht.
Und kommen die Russen, um etwas zu morden,
ich werd' damit tränken diese gräulichen Horden,
und ich behaupte, auf solch edles Nass
muss in Lieb sich verwandeln ihr gräulicher Hass.
Und nun wird' ich machen endgültigen Schluss,
allen Lesern entbiet' ich meinen treudeutschen Gruß.[32)]

Des Weines Macht

Wohltätig wirkt der Reben Saft,
er gibt dem Menschen Mut und Kraft,
doch wehe dem, der über Maß
hineinschaut in das volle Glas.
Denn des Bacchus Geister
werden dann des Menschen Meister,
sie zerrütten die Gedanken,
starke Füße müssen wanken
oft durch nächtlich stille Straßen
mit mach ungeheurem Brand.
Ja, des Weines Geister hassen
alle Nüchternheit im Land.
Aus dem Fasse da quillt Leben,
da strömt Segen,
aus dem Fasse ohne Wahl
gießt der Strahl.
Hört ihr's lärmen auf der Gasse,
diese Rasse?
Ein Gejohl und ein Gezeter,

wie wenn wär' ein böses Wetter.
Fluchen hört man und auch lachen,
Brücken und auch Zäune krachen,
tosend wird der Lärm gemacht.
Das ist nicht der Schläfer Pracht.
Hunde heulen an der Kette,
alles springt vom warmen Bette
und ist voller Zorn und Wut
ob solch verdammter Zechenbrut.
Durch der Hände lange Kette
um die Wette
kreist die Flasche rings im Bogen,
wer'n vertilgt des Weines Wogen.
Rasselnd kommt die Polizei,
einzudämmen das Geschrei,
wollen gleich mit voller Wucht
alle jagen in die Flucht.
Oder die verdammten Lotter
einsperr'n in den Gemeindekotter.
Eingeschüchtert und ernüchtert
ist solcher Mensch dann und voll Bangen
gibt er willig sich gefangen.
Leergebrannt ist's nun im Kopfe,
siedend klopft es hinterm Schopfe,
aus den matten Augenhöhlen
schaut das Grauen.
Und der Weiber Blicke,
ach Gott, die schauen mit schlimmer Tücke
recht böse drein.
Einen Blick auf seine Kleider
wirft solcher Mensch dann leider,
doch fasst er wieder frischen Mut.

Ist er auch zerkratzt, zerschunden,
ist ihm auch Stirn und Wang verbunden,
war Katzenjammer auch nicht gut,
froh pfeift er doch mit wunden Lippen,
greift ab das Dutzend seiner Rippen
und fühlt, sie sind doch alle heil und gut.

Das ist zwar die Schattenseite vom Wein, die sich die Menschen aber selbst schaffen, indem sie des Guten zu viel tun. Bemerken möchte ich noch, dass ich obiges Gedicht von Schillers „Der Feuers Macht“[33)] umgeformt habe in: „Des Weines Macht“. Der große Dichter wird mir das wohl verzeihen.

Meine Mutter sagte immer: „Wenn die Bauern dichten und schreiben, da werden die Bücher voll und der Keller leer!“ Wahr ist's nicht. Ich kenne eine Menge Bauern und Weinhauer, die dichten nichts und schreiben nichts und haben doch einen leeren Keller. Ich selbst habe gedichtet und geschrieben und habe zurzeit noch einen alten und eine heurigen Wein im Keller, man muss ihn halt nicht verkaufen.

Als ich als Rekrut beim k.k. Landwehrinfanterieregiment Nr. 24 war – wir waren 19 Infanteristen in unserem Zimmer, davon 14 Rekruten und 5 Alte –, da mussten wir Rekruten immer abends den Älteren Vierzeiler vorsingen, zum Zeitvertreib. Die Alten lagen dabei rauchend auf dem Strohsack. Da habe ich unzählige Male von den Burschen den abgedroschenen Vierzeiler gehört: „Da droben am Berg, da sitzt a Krowot“ usw. Das war mir zu dumm. Ich wollte Besseres bringen und hören. Da waren vier Rekruten, die ihrer Eigenschaften wegen immer von den anderen gefrozzelt wurden. Da war der Raimund Reichl aus Retz, der ein recht herrisches Benehmen hatte, der Leopold Hager aus Niederleis, der war langsam und unbeholfen, dann der Johann Edelmann aus Hüttendorf, der hörte schlecht, und der Leopold Emminger aus Wien, der sah schlecht. Während die anderen ihren Krowot am Berg mit seine Holzäpfel gesungen haben, habe ich mir von den vier so genannten Helden etwas zusammengedichtet, und als die Reihe an mich kann, war's fertig:

> Und der Reichl schaut herrisch
> und der Hage ist hübsch g'schwind,
> und der Edelmann, der ist törrisch
> und der Emminger blind.

Ein Lachsturm im Zimmer. Von da an war ich bei der Landwehr der Dichter Poldl. Die Boley Marie, aus nächster Nachbarschaft, die für mein Gedenkbuchschreiben etwas Interesse hat, die sagte einmal, in meinem Stamme ist eine Dichterader. Jetzt ging ich im Geiste auf die Suche: Mein Vater, der konnte für seine Zeit schön schreiben, aber etwas Dichterisches konnte ich in seinen Aufzeichnungen nicht finden. Meine Mutter konnte außergewöhnlich schön erzählen, aber das hat sie nicht gedichtet. Meine Schwester, die um zehn Jahre älter ist als ich, die kann auch nicht dichten, mein Bruder Josef schon gar nicht. Dem habe ich einmal zugeschaut, wie er seiner Liebsten einen Brief geschrieben hat. Die Einleitung hat er schnell gehabt: „Ich ergreife die Feder, um Dir zu schreiben", dann eine lange Pause. Endlich schrieb er oben drüber: „Liebe Resi!" Dann wieder Stillstand, tauchte die Feder in die Tinte, ließ sie vertrocknen und tauchte sie wieder ein. Ich sah ihm über die Achsel hinein und sagte: „Du musst so schreiben, wie wenn du mit ihr reden tätest." Er: „Dummer Bui, fohr ob, sunst host a Trumm Fotzn!" Wie der Liebesbrief ausgefallen ist? Wahrscheinlich gut, weil sie sich dann geheiratet haben. Also beim Bruder, obzwar er sehr witzig und unterhaltlich war, war's mit der Dichterei nichts.

Aber ein Onkel von meinem Vater, Karl Berndl, der soll die Dichtkunst gepflegt haben, nicht gerade poetisch, aber gereimt hat sich's und das ist schließlich doch die Hauptsache. Er hat ein

Spottgedicht über ganz Poysdorf gemacht, immer zwei Familien zusammen. Wenn er von allen Poysdorfer Familien etwas gereimt hat, so muss es so lang gewesen sein wie das Nibelungenlied.

Als er einmal gefragt wurde: „Wenn du über alle Poysdorfer etwas weißt und über euch weißt nichts?“

„O ja“, sagte er:

> Der Berndl Hannes sitzt beim Rot
> und seine Kinder haben kein Brot.

Es ist schon über hundert Jahre, dass dies im Schwange war, heute ist's vergessen, nur einige Bruchstücke davon sind noch geblieben.

Also von diesem Großonkel soll die Dichterader stammen? Er hat etwas derbe Reime gemacht. Lassen wir's halt gelten. Dieser Karl Berndl ist nach Ungarn gegangen und dort bald, noch jung an Jahren, gestorben.

Von Wallfahrern, Vorbetern und den Schwarzen in Afrika

Religion muss sein, sagen viele, und ich sage, Religion ist! Jeder Mensch hat Religion und wenn er sich selbst als Atheisten bezeichnet. Er bewundert die Natur, die Keimkraft, das Wachsen und Gedeihen, er bewundert das Himmelszelt, die Gestirne mit ihrem sicheren und regelmäßigen Lauf usw.; damit, dass er diese Werke bewundert, ehrt und lobt er vor allem den, der es geschaffen hat, und das ist Religion. Wenn man den Stephansdom anstaunt und bewundert, den Zeppelin, den Eiffelturm, wenn man das Glück hat und das nötige Geld dazu, heißt das, um nach Paris zu fahren, und man bestaunt und bewundert solche Werke, so ehrt und lobt man damit doch den Meister, unter dessen Leitung solches Werk entstanden ist. Und so ist's auch bei allem in der Natur, wenn man's bewundert, dass die Ehre dem Schöpfer zukommt. Der Großteil des Volkes hält nur den römisch-katholischen Kirchenkult und die Glaubenslehre für Religion, dass es noch andere Bekenntnisse gibt, die uns an Gläubigenanzahl und auch an Glaubensstärke über sind, das dürfte ihnen vielleicht nicht so bekannt sein.

Der Buddhismus, das Brahmanentum, der Islam, das Judentum, die Fetischanbeter, die, obwohl sie von der christlichen Lehre abweichen und oft auch einen krassen Gegensatz bilden, doch in katholischen Ländern als gesetzlich anerkannte Religionen gelten. In der christlichen Lehre heißt es: Liebet eure Feinde, tut Gutes denen, die euch hassen und verfolgen, der Islam dagegen lehrt, den Feind zu hassen und zu vernichten. Der Mohammedaner befolgt seine Lehre gründlich, das erzählt uns die Geschichte von der Belagerung Wiens und wie sie in der unglücklichen Gemeinde Perchtoldsdorf gewirtschaftet haben.

Ob im ganzen Christenvolk nur ein einziger ist, der seine Feinde liebt und ihnen Gutes tut? Ich glaube kaum. Ich selbst habe so meine eigene Meinung und bin der Ansicht, einen Menschen, der mich schädigt oder gar ruiniert, lieben und extra noch was Gutes tun, dass dies den Menschen entwürdigt. Ich halte es mit Nietzsche, der sagt: Eine kleine Rache ist besser wie gar keine Rache, denn man befriedigt nicht nur sich selbst, sondern man entlastet auch den Gegner von seiner Schuld. Wenn das Gebot der Nächstenliebe eingehalten würde, so wäre das Gebot der Feindesliebe überflüssig, denn da gäbe es dann überhaupt keinen Feind. Wie es mit der Nächstenliebe aussieht, das wissma eh.

Im zehnten Gebot Gottes heißt es: Du sollst nicht begehren deines Nächsten Gut! Im siebenten: Du sollst nicht stehlen! Von den sieben Todsünden lautet eine: Wer den verdienten Lidlohn vorenthält oder entzieht, begeht eine Todsünde und kommt in die Hölle. So hat uns unser Katechet Franz Maglock in der Schule belehrt!

Im Allgemeinen aber glaube ich, dass man mit dem Verbieten vorsichtig sein soll. Man sollte der Jugend ihre Freuden nicht verwehren, denn man ist nur einmal jung. Leider ist und war der Jugend immer alles verboten, woran sie eine wirkliche Freude haben kann und hatte. Der Vater verbietet, die Mutter, der Lehrer, der Katechet, alle verbieten das, was die Jungen am liebsten möchten und umsonst. Eine Mutter soll ihren Kindern verbieten und soll sagen: „Weh euch, wenn ihr in die Speis hineingeht!" Da werden sie nun umso bestimmter hineingehen. Zu allem, was ihnen verboten wird, werden sie Lust haben und es machen. Das Gegenteil muss man ihnen raten oder befehlen.

Ich hatte einen Nachbar, der hatte einen kleinen Buben, wenn der zum Röhren anfing, da hörte man's zehn Häuser weit. Sein Vater sagte: „Matthiesl, du darfst nicht aufhören zum Plärren, du musst jetzt so lange plärren, bis die Mutter nach Hause kommt, damit sie dich auch hört." Sagte der kleine Bub: „Ich will nimmer plärren." Und er wollte nimmer.

Im Monat Mai wird bei Maria-Brünndl[34] jeden Sonntag Maiandacht gehalten, dasselbe war auch früher. Es war in den achtziger Jahren. Eine Andacht mit Predigt bei Maria-Brünndl und gleichzeitig im Wirtshaus Tanzunterhaltung. Der geistliche Herr schilderte die Reinheit Marias in seiner Predigt, mahnte die Jungfrauen vor dem anderen Geschlecht und vor dem Tanzboden, um ihre Unschuld zu bewahren. Es machte Eindruck. Nach der Andacht, die Jungfrauen hätten können am Bach nach Hause gehen: ach, gehen wir durch die Gasse, dass wir sehen, wer dort ist! Das Tor stand offen, im Hof spielte die Musik, ein Teil fühlte sich hineingezogen, die anderen wurden von den Burschen hineingezogen. Und schon geht's los: im Walzertempo, nix Schöneres kann's geben, schiaberisch auf sechse, a so fliegen's durchs Leben. Die Predigt ist vergessen. Aus einer Tanztour werden drei, viere, und dann: ei, bleiben wir da, bis es aus ist! Die Mütter schauen auch zu und freuen sich, dass der Sohn fest tanzt, und die Tochter wird auch bei jedem Tanz begehrt, aber am besten freuen sich die Mütter, wenn andere Mädel keinen Tanz bekommen und Standgeld zahlen müssen, die noblen Leute sagen da: Mauerblümchen.

Und dann, wenn der Liebhaber die Maid nach Hause begleitet, die Alten liegen schon, vom Schlafen aber keine Spur. Die Mutter hört schon siffeln und wispern vorm Haus, die Mutter steht auf, schleicht leise zum Fenster, zwischen dem Vorhang späht sie hinaus, und richtig, er ist's, der für unsere Tochter passt. Der Voda und die Muada freut sich, 's Dirndl und der Bua freuen sich, alles schwimmt im Glück und das will der geistli' Herr verwehren? Der versteht das nicht richtig!

In der sechsten Klasse hatten wir den Katecheten Georg Eigner, der uns sehr gute Lehren gab, was ich ihm heute noch danke. Wie ich schon vorne erwähnt habe, er ermahnte uns Knaben, den Wein zu lassen, wie ihn der Herrgott wachsen lässt, wenn wir einmal Hauer sind, die Mädel, wenn sie einmal Hausfrauen sind, die Milch nicht zu wässern, der gab uns gute Lehren. Einmal empfahl er uns, und das besonders den Mädeln, beim Einschlafen die Hände wie beim Gebet über die Brust zu kreuzen und so einzuschlafen, damit, wenn ihr plötzlich sterbet, die Hände schon gekreuzt sind. Den tieferen Sinn hat man erst im reiferen Alter erfasst. Auch hat er uns empfohlen, irgendeinen heiligen Märtyrer nachzuahmen. Er sagte: „Ihr müsst euch energisch vornehmen, ich will und muss ein Heiliger werden!" Ich nahm die Sache wirklich ernst und strengte mich an, recht fromm zu sein, wenn ich zum Beichtstuhl ging, mühte ich mich ab, Tränen der Reue zu erzeugen, es ging nicht, die Augen blieben tränenleer. Ich brachte es nicht weiter, wie bis zum Kopf in die Seite neigen.

Sagte einmal der alte Ließ Adam zu mir: „Du rutscht ja ein um das andere Mal vorm Beichtstuhl auf die Knie umeinand, merk dir das: Unser Herrgott mag die Leute nicht, die vor ihm auf der Erde umrutschen, der will haben, dass seine Kreaturen aufrecht vor ihm stehen und schauen ihm ins Gesicht." Das leuchtete mir ein, denn ich wusste, dass man einen Menschen, der so kriechend mit einer Bitte kommt, nicht recht mag, dass man den lieber hat, der aufrecht steht und schaut einem ins Gesicht. Ich gab die Sache, recht fromm zu sein, auf, mein Oberlehrer Paul Nothaxberger borgte mir Rosegger-Bücher, die las ich und der Rosegger selbst wurde dann mein kleiner Herrgott, und ist's heute noch. Keinen Heiligen habe ich nicht mehr nachgeahmt.

Ich habe in reiferen Jahren öfters die Legende der Heiligen gelesen, und zwar gründlich, und sie stimmte mich immer unzufrieden. Kaiser, Könige, Fürsten, Päpste, Bischöfe, Äbte, Grafen usw., aber nicht einen einzigen Weinhauer. Einen Bettler habe ich sogar gefunden und sogar einen Gastwirt; wie ein Wirt heilig werden kann, das ist kaum zu erklären.

Ich habe das Leben dieser heiligen Märtyrer studiert und gründlich durchdacht und gefunden, dass der Großteil davon der Obrigkeit ungehorsam war, indem sie nach ihrer Überzeugung handelten, was eine Obrigkeit doch niemals geduldet hat.

In der Neuzeit haben in manchen Ländern auch viele wegen ihrer ehrlichen Überzeugung Freiheit und Leben eingebüßt. Ob die auch heilig gesprochen werden? Für Idealisten war ich immer begeistert, und das waren unsere heiligen Märtyrer, denn sie haben für ihre Überzeugung Freiheit, Gut und Leben geopfert. Das Herz schlägt einem höher, wenn man von solchen Helden hört, ganz anders wie von solchen, die sich gleich an jede neue Macht anschließen, um einen persönlichen Vorteil zu erreichen. Ich glaub' auch, dass die jeweiligen Machthaber solche Leute nicht recht wollen und dieselben nur notgedrungen dulden.

Wie jedem bekannt sein wird, gibt es auch Scheinheilige, die man an ihrer demütigen Haltung erkennt und auch daran, dass sie bei jeder Gelegenheit ihre Frömmigkeit betonen. Als ich zur ersten heiligen Kommunion ging, da ging ich mit Kerze und Sträußl darauf zur Familie Ließ, meinen Freund Klemens abzuholen. Dort sagte ich: „Das ist heute unser schönster Tag." Der alte Ließ fixierte mich mit seinen wasserblauen Augen und sagte: „Geh, hör auf, du frommer Nixnutz!" Da war ich gedämpft.

Einmal fuhr ich mit der Bahn von Wien nach Hause. In einer Ecke saß ein Pfarrer ganz allein, auf den Bänken saßen mehrere Bauern aus Hörersdorf, darunter einer, der führte das Wort. „Die ganze Welt ist heute nichts mehr wert", so sagte er, „niemand hat mehr einen Glauben, alles vergisst schon auf unseren Herrgott, niemand geht mehr in der Woche in die heilige Messe, wo doch so viel Platz wäre. Ich mache es halt so: ich geh halt alle Tage in die heilige Messe, denn bei mir ist das Wichtigste, dass ich mich mit meinem Herrgott verständige." Ich war nicht imstande, in die Höhe zu schauen, ich schämte mich ob solchem Eigenlob, ich hatte schon die Absicht, hinter die Bank zu kriechen. Ich schaute auf den Pfarrer hin, der hatte sein Brevier herausgenommen und hielt sich's vors Gesicht, dem ging's so wie mir. Dieser fromm sprechende Bauer war bezirksbekannt als großer Säufer und als der größte Schürzenjäger. Ich habe diesen Pfarrer bedauert, denn wegen ihm hat er gar so fromm geredet, so dass sich der Pfarrer für ihn schämte und ich ebenfalls. War das scheinheilig? Ich glaube schon.

Zum Pater Abraham a Sancta Clara kam einmal ein Weib beichten. Recht demütig sagte sie: „Hochwürden, ich bin die größte Sünderin, ich bin nicht wert, dass ich noch auf derer Welt umgeh!" Sagte der witzige Pater: „Ich hab's ohnehin schon erfahren, was du für ein Ausbund von Schlechtigkeit bist!" Sie drauf: „So, wer kann mir was Schlechtes sagen? Das wär' noch schöner, die möchte' ich mir anschauen, ich glaub', so brav als andere sind, bin ich auch noch, und überhaupt, wenn's so zugeht im Beichtstuhl, da wird man sich ihn abgewöhnen." Die ist gründlich aus der Rolle gefallen.

In den sechziger und siebziger Jahren war es in den Bauernhäusern noch der Brauch, dass gemeinsam gebetet wurde, und zwar morgens, mittags und abends. Abends das meiste: Litanei der Heiligen, die anschließenden Gebete, der Engel des Herrn, anschließend eine Anzahl Vaterunser, um einen furchtbaren Regen (soll heißen fruchtbaren), um ein gutes Kornjahr, um eine glückselige Sterbestunde und dann noch für die Verstorbenen. Dies dauerte in der Regel sehr lange, da wurde der Erdäpfelsterz und die Einbrennsuppe meistens kalt. Da war's auch beim alten F. einmal, der betete abends auch mit seiner Familie und den Taglöhnern und sie kamen bis zum Vaterunser um eine glückselige Sterbestunde, dann sagte er: „So, jetzt beten wir noch einen Vaterunser für meinen Vodan." Sie drauf: „Und wegen wos denn für mein Vodan nit a?" Er drauf: „Der olt Lump, der brot eh in dar Höll, hot mir eh nix ols wie Gift gmocht! Im Namen Gottes, des Vaters und des Sohnes und des hl. Geistes. Amen."

Im Jahre 1884 machte ich mit einer Prozession eine Wallfahrt mit nach Maria-Dreieichen. Als Vorbeter waren zwei Brüder aus Wetzelsdorf, der Edelmann Hannes und der Edelmann Poldl. Da war's Brauch, dass die Vorbeter vom Wirt zehrungsfrei gehalten wurden, weil sie ihm die Prozession zuführten. Solch eine Vorbetergurgel musste da was leisten. Als wir in der Wallfahrtskirche von der lieben Frau Abschied nahmen, hielt der Vorbeter Hannes eine ergreifende Ansprache, dabei kollerten ihm die Tränen über die Wangen herunter, einige meinten, es sei der Wein, und sprach: „Kniet euch nieder und küsst den Boden dieser heiligen Stätte, denn es ist vielleicht zum letzten Mal, dass wir hier sind." Er kniete sich selbst nieder, nieder ging's noch, aber dann auf! Du heiliger Herrgott, das war etwas, ich hab's genau gesehen, mein Lebtag wird' ich's nicht vergessen. Der Wirt muss sich da ordentlich eingestellt haben, außerdem mussten die Wallfahrer einen Beitrag beisteuern, wovon eine Messe gezahlt wurde, auf das Kreuz ein neuer Kranz, für den Pfarrer zu Hause ein Kruzifix und der Rest für die Vorbetergurgel. In der frischen Waldluft hat sich dann der Hannes wieder ganz schön erholt, aber nach dem letzten Einkehren in Kautendorf waren beide so sternhagelvoll, dass sie auch schon beten ließen um einen furchtbaren Regen. Ich und ein Kollege haben uns zu ihm gesellt und haben ihn genau betrachtet, und wenn er gestolpert ist, so haben wir gelacht. Sagte er: „Dumme Buim, wos locht's denn, auf a Wollfohrt gibt's nix z' locha." Sagte mein Kollege: „Zum Lachen gab's nichts, aber zum Saufen, da gab's was."

Der alte Wimmer, der führte die Prozession vierzig Jahre nach Maria-Schoßberg. Von dem hieß es, wenn er einen Tannenzweig*) heraushängen sah, so stimmte er schon das Lied an: „Kommet her und tut euch laben!" Bei der letzten Wallfahrt hat er noch von den Teilnehmern die Beiträge einkassiert, dieselben versoffen und sich dann aufgehängt. So war's beim Kirafirten.

Im Jahre 1896 machte ich eine Wallfahrt nach Mariazell mit; wir waren 300 Teilnehmer, wir fuhren mit der Bahn über Wien bis Kernhof, von da gingen wir über's Gscheidt, durch's Halltal, am Walsterbach entlang bis zu einem Bildstock, wo wir dann von einem Priester erwartet wurden, der uns beim Einzug begleitete. Bei unserem Einzug wurde eine Muttergottesstatue vorangetragen, die gekleidet war wie eine feine österreichische Frau. Nach uns hatte eine slowakische Prozession ihren Einzug,

*) Vor einem Wirtshaus

da wurde eine Marienstatue vorangetragen, die slowakisch gekleidet war, mit grellen buntfarbigen Bändern geschmückt. Es wird alles seinen tiefen Grund haben. Ich habe einmal gelesen, dass die katholischen Neger eine schwarze Muttergottes haben. Dem Volksempfinden angepasst. Ich habe mir damals meine erste Kuh gekauft und opferte deshalb eine wachserne Kuh, die zehn Kreuzer kostete, um Glück zu haben. Die Kuh ging mir aber kurze Zeit darauf zugrunde.

Der B. Juri (Georg), damals der größte Grundbesitzer in Herrnbaumgarten, war auch mit uns. Der kniete bei jedem Altar, bei jedem Bild, bei jeder Statue und betete mit Inbrunst, die an Verzückung reichte. Er wurde nicht müde, die Opfertafeln zu studieren und seine Wunder auszutun, wie die liebe Frau diesen Verunglückten geholfen hat. Spät abends kam er ins Schlafzimmer, wir waren schon alle entkleidet, bereit zum Schlafengehen. Er zog sich aus und setzte sich ins Bett, erzählte uns von der Menge Wunder, die sich in Mariazell schon zugetragen und vieles andere. Während dem kam der Hoteldiener herein, das Schlafgeld einkassieren, ein Bett kostete vierzig Kreuzer. Der B. Juri legte sich nieder und als der Diener an sein Bett kam – es waren kaum zehn Minuten –, da schnarchte er schon, dass man der Meinung war, die Gurgel reißt ihm ab. Einige sagten zum Diener: „Er wird müde sein, nicht aufwecken, er wird's schon morgen geben." Andern Morgens war er schon auf, als wir andern noch alle hinter den Federn lagen. Ich sah ihm zu, wie er seine Sachen zusammenkramte, er wispelte noch her zu mir: „Muss noch beichten geh, da muss ma zeitlich gehen, dass man früher drankommt." Gesehen und nimmer!

Als wir vor dem Einzug beim Bildstock versammelt waren, da mussten wir uns reihenweise anstellen, zwischen die beiden Vorbeter durchgehen und den Beitrag leisten. Der eine zählte die Personen, der andere nahm das Geld. Beide hatten eine Ledertaschen umhängen wie die Hirten im Alten Testament, eine große Wichtigtuerei als Prozessionsführer und auch ein Kommando. Das Geld hatten sie schon, dreihundert Personen zu 70 Kreuzer, die meisten gaben einen Gulden, Fraß und Suff gratis, Kubazigarren detto, da lässt sich's schon kommandieren. Am Rückweg durchs Halltal, da ertönten öfter Ordnungsrufe: „Eine Wallfahrt ist ein Bußgang und kein Spaziergang, wenn's nicht beten wollt, so wärt daheim blieben!", oder beim Rosenkranzbeten, wenn eine Gruppe weiter zurück war oder gar zu weit vor: „Grega zeiß, dos hoaßt's." (Soll heißen: Gegrüßet seist du.)

In Kernhof kehrten wir vor der Abfahrt in einem großen Restaurant ein, da ließen so manche Bauern noch ihre letzten Speckschwarten noch hinter dem Tisch zurück, dann ging's per Bahn bis St. Pölten, wo wir übernachteten.

Da die Betten für so viele Gäste zu wenig waren, so musste ein Großteil der Kirafirter im Saal auf dem Stroh vorlieb nehmen, da hatte es einen riesigen Durst, es war im August. Ich und ein Kollege, Fröschl Karl, standen auf und gingen in St. Pölten spazieren. Lange nach Mitternacht gingen wir in ein Wirtshaus hinein, da saßen unsere zwei Vorbeter noch beim Wein, jeder eine dickmächtige Kubazigarre im Mund, und fragten uns: „Wonn legts eng ös denn nieda?" Nächsten Tag ging's dann über Wien nach Hause. Oft habe ich schon an diese Zeller Wallfahrt gedacht und jedes Mal fiel mir gleich dieser B. Juri ein, wie er den Wirt um die vierzig Kreuzer Schlafgeld sterben ließ und dafür beichten ging. Dieser Juri war sehr fromm und religiös; er ließ an der Straße einen Bildstock setzen mit der lieben Frau, darunter einen schönen Gruß: Gelobt sei Jesus Christus. Dann seinen Namen und die Jahreszahl.

Ich habe in meiner Jugend von einem Spottgedicht gehört, das ein paar nichtswertige Wilhelmsdorfer anging, da hieß der Schlussvers: „Und dann, was glaubt ihr wohl, was sagt die Liebe

Frau beim Brünndl? Die sagt: in mein schön Gnadenort ist nix wie lauter Gsindel.“ Wenn man die Zeller Liebe Frau fragen würde über den B. Juri, ich glaub’, die würde dieselbe Antwort geben, wenn sie reden würde. Wenn man festes Vertrauen hat und frommen Glauben dazu, man geht wirklich getröstet nach Hause von solcher Bußfahrt. Als mir aber kurze Zeit darauf meine einzige Kuh zugrunde ging, da hat mein Glaube ein wenig Schiffbruch gelitten.

Für mein Leben gerne hätte ich Wunder gesehen. In meiner Jugend kaufte ich mir ein Lourdes-Büchel und war ganz begeistert von der Menge Wunder, die dort geschehen. Wenn man wirklich gläubig ist, so sollte man nirgends hinschauen und auf nichts neugierig sein, von der Menschheit sich abschließen und mit niemand Umgang pflegen, denn es gibt immer so genannte Aufgeklärte, die einem solche Sachen ganz anders erzählen oder das gerade Gegenteil. Da fängt man dann zu denken an und man wird wankend. Bei mir war es so. Da war’s bei Maria-Brünndl an einem Lieb-

frauenfest, saß ein Lahmer an einen Baum gelehnt, die Krücken neben sich liegen, den Hut vor sich, um milde Gaben aufzunehmen. Es war sehr schwül, der Himmel hing voll schwerer Wolken. Plötzlich fing es an zu regnen, schwere, kirschgroße Tropfen fielen. Im Moment ein strömender Regen. Der Lahme nahm seinen Hut, seine Krücken, lief was er konnte zum Kirchentor, um im Trockenen zu sein. Ich war schon geneigt, an ein Wunder zu glauben, da aber sagten einige von den Umstehenden: „Ein Schwindler, der hat jetzt auf's Lahmsein vergessen."

Nach dem Krieg war ich öfter in Wien und suchte aus Neugierde Freidenkerversammlungen auf. Den Gläubigen ist es zwar verboten, solch ungläubige Reden zu hören, aber, du lieber Gott, wer auf der Welt hört, sieht oder liest nicht das Verbotene lieber wie das Erlaubte? Da war ich einmal im Kasino Zögernitz in der Döblinger Hauptstraße, da sprach ein ehemaliger Priester, der 15 Jahre Benediktinermönch in Emaus bei Prag gewesen war. Er behandelte auch die Wunder und sagte unter anderem: „Es gibt kein Wunder, alles lässt sich auf natürliche Weise erklären." Jetzt trat ein Gegner auf, der behauptete, dass die Wunder in Lourdes wirklich geschehen sind und begründete es damit, dass alles von erfahrenen Ärzten bestätigt wird und es folgedessen wahr sein muss.

Der ehemalige Priester ließ seinen Gegner ruhig ausreden, dann sah er ihn durch seine Hornbrille an und sagte: „Sie hörn's, Sie sind heute noch gerade so dumm als ich einmal war. Wer kann nach Lourdes fahren? Doch nur Leute, die Geld haben, da arme Leute aber auch krank sein können, aber niemals das Geld zu einer solchen Reise haben, so würde das Gesundwerden durch Wunder nur den wohlhabenden Leuten zukommen, und das nenn' ich ungerecht; weiters ist ja bekannt, dass von der riesig großen Anzahl Kranker, die hinpilgern, doch nur einzelne gesund werden. Wenn ich die Macht hätte, ich würde sie alle gesund machen." Der Gegner war geschlagen und nahm kein

Wortgefecht mehr auf. Ich selbst aber will ehrlich und offen gestehen, dass mir dieser ehemalige Priester mit seinen Behauptungen, die er mit einem Brustton brachte, der keinen Zweifel aufkommen ließ, aus der Seele gesprochen hat.

Ich habe eine ganze Anzahl solcher Versammlungen besucht, wo nur ehemalige Priester sprachen, wo mir aber die Namen entfallen sind. Auch hörte ich eine Nonne aus Graz, die sprach über das Thema „Zehn Jahre hinter Kerkermauern". Waren diese Oberen wirklich so feindselig und boshaft gegen die Nonnen, wie sie sagte, oder waren sie selbst nichts wert – wer kann's sagen? Der Richter muss bei einem Prozess beide Teile hören, dann kann er urteilen.

Diese Versammlungen waren öffentlich und hatte jeder Mensch Zutritt, und da wundert's mich heute noch, dass da nicht ein tüchtiger Pfarrer aufgetreten ist und ihm das alles widerlegt hätte. Wenn z. B. Bierbrauer öffentliche Versammlungen hätten und dabei über die Weinhauer und ihr Produkt schimpfen möchten, denen dürfte für eine zweite Versammlung die Lust vergangen sein.

Bei allem, was ich hier niederschreibe, ist der Wahrheit kein i-Tüpferl vergeben, ich selbst hab' es gesehen, erlebt und erfahren, und so schreib' ich's nieder. Einmal war ich in einer Versammlung, wo der ehemalige Priester Anton Krenn sprach. Er erzählte uns, dass er in Obersteier im Mürztal in einer Pfarrgemeinde als Kooperator war, das war im Jahre 1918, wo es im Monat Juni sehr viel regnete und das Heu dem Verderben nahe war. Kam einmal während des Mittagessens der Bürgermeister und ersuchte den Pfarrer, er soll beten lassen um schönes Wetter, sonst geht das ganze Heu zugrunde. Der Pfarrer sagte: „Nein, beten lass ich nicht." Nachdem der Bürgermeister fort war, sagte er zu mir: „Wissen Sie, ich lasse aus dem Grund nicht beten, weil, wenn's nicht schön wird, die Leute dann an uns nicht glauben." Den zweitnächsten Tag, als ich Messe lesen ging, rief er mir nach: „Heute können Sie beten lassen, der Barometer steigt."

Wenn der Mensch nicht charakterstark ist, so wird er in solchen Sachen immer hin und her gezerrt. Von einem wird er so belehrt, vom andern gerade im Gegenteil. Es gibt eine Methode und die ist ganz einfach und sicher, im Charakter stark zu bleiben: vor allem seine gesunde Vernunft zu Rate ziehen, die sage jedem das Richtige. Die gesunde Vernunft ist die höchste Autorität für den Menschen.

Dieser Anton Krenn erzählte auch, dass er öfter zum Kirchenvater geladen war. Dieser war ein einfacher, schlichter Bauer; er sagte einmal zu ihm: „Sagen Sie mir einmal, Herr Kooperator, glauben denn Sie das alles, was Sie uns predigen?" „Dieser einfache Bauer", sagte er, „stellt mir da eine Frage, womit er tatsächlich den Nagel auf den Kopf getroffen hat. Dies hat dem Fass den Boden ausgeschlagen, ich hab' meinen Priesterrock ausgezogen und geh' heute Leute aufklären und ihr Arbeiter seid meine Gläubigen."

Das war ein Applaus und ein begeistertes Zurufen von den Arbeitern, das nicht zu schildern ist, das muss einer selbst gehört haben. Wenn wir Laien plötzlich einen Einblick bekommen ins Priesterleben, so ist man ganz enttäuscht, wenn man sieht, dass dies auch Menschen sind wie wir, denn für uns Laien ist Pfarrhof und Priester etwas, das mit einem Nimbus umgeben ist. Ich glaub', das beste wäre doch, wenn man nichts weiß.

Dieser Anton Krenn sagte auch unter anderem: „Wenn ich mit meiner Frau gehe und meine ehemaligen Kollegen begegnen mir, so weichen sie mir aus wie einem Geächtetem, obwohl sie gerade so denken wie ich und gerade so sprechen wie ich, wenn sie unter sich sind. Ach was, sagen sie, mir wird's so anbefohlen, ich werde dafür bezahlt, habe meine sichere Existenz, mein gutes Auskommen, die Verantwortung tragen die Oberen." *So* und *nicht anders* hat er gesprochen und *so* schreib ich's nieder.

Bei uns in der katholischen Kirche wird das Äußerliche zu sehr gepflegt, das praktische Christentum zu wenig. Ich habe von frühester Jugend auf bis ins reife Alter bei allen kirchlichen und religiösen Übungen und Zeremonien, Prozessionen, Wallfahrten und Umgängen mitgemacht, alles genau beobachtet und es mir bis heute gut gemerkt.

Ich sage es in vollem Ernst: So ein Umgang ist schön, jedoch sollten die Teilnehmer andächtiger sein und mehr Würde zeigen; es ist aber nicht der Fall. Der Hintermann bei den Buben legt dem Vordermann Steine in den Hut oder er tritt dem Vordermann absichtlich recht oft auf die Ferse, so dass es oft nach dem Umgang gleich eine Rauferei gibt. Bei die Erwachsenen hab ich's nie anders gesehen, als dass mit dem Nebenmann geplaudert wird über die Grundstücke, die Häuser, was sie wert sind, über die Besitzer davon, manches Mal ein wenig geschimpft, mitunter gelobt; je nachdem. Ich bin einmal beim Floriani-Umgang mit meinem Schwager gegangen, da haben wir ein Dach bekrittelt: da regnet's auch bald Kühe hinein und dgl. mehr. Sagt hinter uns ein älterer Mann: „Wenns plaudern wöllts, bleibts dahoam." Der hat Recht gehabt.

Aber geärgert hat's mich doch, und ich war bös über ihn. Ich bin auch so einer, der zu denjenigen gehört. Aber nicht alle machen es so; es gibt welche, die nicht plaudern, sondern beten. Manchmal kommen zwei zusammen, die einander nicht leiden können. Ein Umgang bei der Auferstehung oder Fronleichnam, das ist etwas Schönes, etwas Erhebendes, da spielt die Musik. Es ist da das Frühlingserwachen, und die Musik dazu die Seele des ganzen, erweckt ein frohes Gefühl und bringt Leben hinein, auch in einen gebrochenen Körper.

Fronleichnam ist das Schönste, was es an kirchlicher Feier gibt; ich denke immer: Soll der Heiland von uns armen, sündigen Menschenkindern wirklich verlangen, dass wir ihn so auffallend feiern? Wo er doch die Juden wegen ihrer Äußerlichkeiten und pompösen Zeremonien oft getadelt hat? Er selbst zog einfach und schlicht, in größter Armut im Lande umher und lehrte, und jetzt die Hauptsache: *er lebte nach seiner Lehre.*

Welch schönes Beispiel gab er im Verzeihen! Wer von uns ahmt es nach? Niemand! Was es Hass und Rachsucht gibt, sogar unter Blutsverwandten, die einander das Leben verbittern, so dass ihr ganzes Sinnen und Denken nichts als Hass ist. Vor kurzer Zeit hat ein Bauer aus Wetzelsdorf, der neben seinem Bruder wohnte, sein Anwesen verkauft und zog in eine andere Gegend, damit er nicht noch zum Mörder wird, wie er selbst zu mir sagte. Solche Leute sind nicht zu belehren und nicht zu bekehren, besonders wenn es harte Bauernschädel sind. Aber es gibt Mittel, solche Todfeinde zu bekehren, dass sie die besten Freunde werden, und zwar auf eine recht witzige Art.

Waren zwei Nachbarn, die einander das Leben zur Hölle machten. Streit und Bosheiten, Klagen bei Gericht wegen Nichtigkeiten und Hass ohne Ende.

Da war ein weiser Bürgermeister, der ließ beide rufen und fragte, wer da eigentlich die Schuld an dem ewigen Streit habe. „Ich nicht, der andere“, sagte jeder. Sagte der Bürgermeister: „Passt auf, ich sag’ euch was: Ihr seid die zwei größten Haderlumpen in der ganzen Gemeinde, ihr sollt gehaut werden windelweich“, und griff schon nach der Ochsensehne, „ihr Haderlumpen, ich hau euch, dass euch der Teufel holt!" Die zwei nahmen Reißaus, vereinbarten sich und verklagten den Bürgermeister bei Gericht wegen Ehrenbeleidigung und gefährlicher Drohung. Der Bürgermeister sagte dem Richter, dass er das nur tat, um die beiden Gegner einig zu machen, und ging frei. Die beiden Todfeinde aber waren von nun an die besten Freunde.

Ich bin jetzt weit abgekommen vom Fronleichnam bis zum Freundschaftsschluss der zwei Todfeinde, will noch einmal zurück zum Wallfahren, und zwar, wie es der Dichter Rosegger schildert in seinem „Mein Himmelreich". Bei manchen Leuten hat sich dieses Wallfahrten zu einem Gewerbe herausgebildet. Besonders arme, ältere Weiber betreiben es. Sie gehen zuerst in der Gegend umher, um Aufträge zu sammeln bei solchen, die selbst nicht Zeit haben, um wallfahrten zu gehen. Sie verpflichten sich, am Gnadenort für die gute Meinung anderer so und so viel Vaterunser, Rosenkränze oder Litaneien zu beten und bekommen dafür vom Anfrümer (Besteller) milde Gaben. Im Pustertal ist eine alte Frau, die sich mit solchen Wallfahrten ihren Lebensunterhalt erwirbt. Sie hat aber, wie es bei jeder soliden Handelsfirma üblich ist, ihre festen Preise. Ein Vaterunser mit Ave Maria kostet 30 Kreuzer, ein Rosenkranz 20 Kreuzer, eine Lauretanische Litanei mit die anschließenden Gebete 10 Kreuzer, ein „Gelobt sei Jesus Christus" wird umsonst draufgegeben. Höher im Preis steht ein Rutschen auf den Knien um den Altar oder gar ein ausgestrecktes Liegen in Kreuzesform auf dem kalten Steinpflaster. Warum Christus einst gerade nur jüdische Schacherer aus dem Tempel getrieben hat?? Weil damals noch keine anderen drinnen waren!

Von einer solchen Wallfahrerin wird erzählt, dass ein Jungdirndl bei ihr fünf Vaterunser bestellte auf die gute Meinung, dass sie den Haussohn zum Manne kriegen soll. Gleichzeitig bestellte der Haussohn bei ihr fünf Vaterunser auf die gute Meinung, dass eine

Heirat zwischen ihm und der schönen Adlerwirtin zustande komme. Jetzt wusste sich die Wallfahrerin nicht zu helfen. Betete sie auf die Meinung des Haussohnes, so war das Jungdirndl betrogen, umgekehrt war der Haussohn betrogen. Ei was, dachte sie, unsere Liebe Frau wird's schon machen, dass es recht ist und betete für beide hintereinander. Was geschah? Der Haussohn wurde Soldat, brachte es zum Feldwebel und heiratete dann in Wien eine dicke Naschmarktstandlerin.

Als ich noch in die Schule ging, war ich beim Kindheit-Jesu-Verein, wo wir im Monat zwei Kreuzer zahlten. Der Katechet belehrte uns, dass dies für die Missionen gehört, die in andern Ländern die Heiden bekehren. Ich dachte schon damals, dass man nicht bei uns zu Hause zuerst alle zu ordentlichen Christen macht, damit nicht so viel Unrecht vorkommt. Zuerst soll man doch im eigenen Haus Ordnung machen, bevor man den Nachbar auf seine Unordnung aufmerksam macht! „Die armen Neger", sagte immer unser Katechet, „die wissen nichts vom lieben Gott, von seinen Geboten und von der ewigen Seligkeit." Der Pater Missionär, er belehrt diese armen Wilden, dass sie Gott lieben sollen, indem sie seine Gebote halten, um ewig selig zu werden. Sie belehren ihn, den Nächsten zu lieben wie sich selbst und auch den Feind zu lieben und ihm Gutes zu tun. Er schärft ihnen auch die Befolgung der Gebote ein, zum Beispiel: Du sollst nicht töten! Kaum aber dass von dieser christlichen Belehrung in dem Gehirn dieser Neubekehrten etwas haftet, so kommt schon der Machthaber, der über das betreffende Land herrscht, sagen wir z. B. der Franzose, aus dem christlichen Europa, und erlässt einen Aufruf: „Alles einrücken, was Hände und Füße hat, es ist Krieg mit Deutschland, unser Vaterland ist in Gefahr!" Dann gibt man diesem Neubekehrten, der bereits auf dem besten Wege ist, Gott, seinen Nächsten und auch seine Feinde zu lieben und ihnen Gutes zu tun, ein Schießgewehr mit einem scharf geschliffenem Spieß darauf, Pulver und Blei dazu und sagt ihm, er soll damit möglichst viele Deutsche umbringen, soviel er nur kann, je mehr, desto besser!

In einer Nummer des Zweigroschenblattes vom Jahre 1937 stand ein Aufsatz von einem Priester, worin er schreibt, dass ein Dorfhäuptling den Missionär fragt: „Ihr strengt euch bei uns Wilden an, um uns zum Christentum zu bekehren, warum macht ihr nicht bei euch zu Hause zuerst alle zu wirklichen Christen?“ Dann beklagt sich dieser Priester: „Müssen wir uns da nicht schämen, wenn solche Menschen, die wir belehren wollen, uns belehren?“

Ja, so ein „Wilder“ ist nicht so einfältig wie man glaubt, er hat denselben gesunden Verstand wie der weiße Europäer und sieht sofort den großen Widerspruch, der beim weißen Christenvolk zwischen Lehre und Handlungsweise besteht. Ich habe es erfahren, da ich mit einem Neger, der ziemlich gut Deutsch sprach, nahezu drei Stunden im Gespräch war, und was mir der erzählte, will ich hier wiedergeben.

Im Jahre 1917 fuhr ich einmal von Wien nach Hause. Als ich mir am Schalter die Fahrkarte lösen wollte, da stand vor mir ein Neger mit seiner Frau, um gleichfalls Karten zu lösen. Als ich die Karte hatte, lief ich, um die beiden Schwarzen einzuholen. Neben die zwei wollte ich im Waggon sitzen, und ich hatte Glück. Ich setzte mich neben ihn, seine Frau saß gegenüber, und betrachtete beide. Die Frau war tiefbraun mit Blatternarben, der Mann pechschwarz mit schneeweißen Zähnen – und dann das Weiße in den Augen! Ich konnte mich nicht sattsehen!

Ich fragte ihn dann, woher und wohin? Er sprach gebrochen Deutsch, jedoch zum Verstehen. Er war reichsdeutscher Untertan aus Kamerun, an der Grenze von Französisch-Kongo. Er war Taschenspieler oder Zauberer, war bei Kriegsausbruch in Deutschland und konnte jetzt nicht nach Hause, bis der Krieg zu Ende ist.

Da fuhren jetzt beide von einer Stadt zur andern, um ihre Zauberkunststücke zu zeigen und sich ihren Lebensunterhalt zu erwerben. Jetzt fuhren sie nach Brünn. Er war sehr gesprächig, zeigte uns auch verschiedene Zauberkunststücke, die verblüffend waren. Er fragte mich auch, ob in meiner Heimatgemeinde damit etwas zu verdienen wäre. Ich sagte ja und musste ihm meine Adresse geben, er wollte auch einmal nach Poysdorf kommen, seine Künste zu zeigen. Er kam aber nicht, was mir heute noch leid tut. Stolz hätte ich ihn herumgeführt in Poysdorf. Ich fragte ihn, wie sie zu Hause ihr Feld bearbeiten. „Arbeiten", sagte er, „ach, das muss Frau, die Männer", sagte er, „die tun jagen, danach im Schatten liegen und Maisbier saufen." Die Frauen, wie er sagte, die müssen die ganze Feldarbeit machen, die Männer tun nichts. Wenn der Mais zu reifen beginnt, müssen die Weiber und Kinder täglich hinaus, die Affen vertreiben, denn die stehlen ihnen die Maiskolben. Kommt so ein Rudel Affen daher, stehlen sie, soviel sie packen können, klettern auf den erstbesten Baum, nagen den Mais ab und werfen den leeren Kolben auf die Negerweiber hinunter.

Dann fragte ich ihn, ob sie in Kamerun die christliche Religion haben? „Ja“, sagte er, „bei uns auch viel Christ, mein Vater auch taufen, da kriegst Geschenk.“ Dabei lachte er wie ein Spitzbube, der er auch war. „Bei uns viel taufen“, sagte er, „und alle kriegen viel Geschenke“; dabei wieder das spitzbübische Lachen.

„In Französisch-Kongo“, sagte er, „sind auch viel Christen, denen Pater lernen, olles Mensch gern haben. Jetzt aber Frankreich Krieg, Kongoneger einrücken und Franzos sagen: olles umbringen.“ Er lachte bis auf die Stockzähne. „Weiße zu uns sagen: Wilde! Ich sagen: Weiße ist wilder sein wie Wilde!“

Die Unterhaltung war großartig, mir war leid, als ich in Enzersdorf aussteigen musste, ich glaube, ich wäre mit diesem Schwarzen gefahren bis ans Ende der Welt; der mit seinem gesunden Menschenverstand hat mir gefallen. Von ihrem Dorfzauberer hat er mir auch erzählt, dass er die Leute nur betrügt. Nur diejenigen, die ihm recht viel opfern für die Götter, die kommen in die Jagdgründe nach dem Tode, wo es nur so wimmelt von Antilopen, Nashorn und Elefanten, und die, die nichts opfern, sagt er, die kommen in jene Jagdgründe, wo schon längst alles abgeschossen ist. „Viel Opfer, da gut für Zauberer, und viel Frau“, und strich mit der Hand über den Bauch, dabei lachte er mich wieder so spitzbübisch an; ich konnte noch einmal das Weiße an diesem Schwarzen bewundern. Wir reichten einander die Hand, auch seiner Frau, die immer schweigsam war, da sie nicht Deutsch konnte; ich grüßte mit einem: „Servus, und komm bald zu uns zaubern!“ Er grüßte in der Negersprache: „Ja, ich gommen“; sein Letztes war noch: „Ich versteh olles!“ Ja, er versteht alles, trotzdem er ein Wilder ist, durchschaut den großen Betrug, den die Kulturmenschen an ihm begehen. Er und seine Frau winkten mir durchs Fenster noch lebhaft zu, ich erwiderte den Abschiedsgruß und freute mich auf seinen Besuch. Leider kam er nicht!

Vor mehreren Jahren konnte man im Prater ein Negerdorf sehen.[35)] Ich war zweimal dort, um es gründlich zu studieren, jedes Mal einen halben Tag. Die Hütten im Kreis gebaut wie im Kral, jede wie ein Bienenkorb. Da sah man ihre Sitten und Bräuche, ihre Arbeit, ihr Spiel, Tanz und Unterhaltung, Kochen und auch ihren Gottesdienst. Es waren Mohammedaner vom oberen Senegal in Westafrika. Kaum dass man ihnen eine Weile bei ihrem Treiben zusah, hielten sie schon auf um ein Trinkgeld, was ziemlich reichlich fiel, jedoch nur kleinere Münzen, die sie dann umwechselten und die Besucher ein wenig anschmierten.

Der Gottesdienst war das Interessanteste. Alle breiteten etwas auf, Teppiche, andere Lumpen, auch Zeitungspapier und legten sich darauf. Der Derwisch[36)] betete etwas vor, dann fiel die ganze Gemeinde ein: „Allah il Allah, Mohammed rasul Illa!“ Das war ein Geschrei, wie wenn alle rasend wären. Ich stellte mich vor die betende Gemeinde, so dass ich jedem ins Gesicht sah. Einer interessierte mich besonders, der trieb es zu arg mit seinem Allah. Er drehte von Zeit zu Zeit das Weiße hervor und schielte zu mir her. Als er sah, dass ich ihn immer beobachtete, trieb er es noch ärger mit seiner Andacht. Dem lag mehr daran, von mir gesehen zu werden als vom Allah und Mohammed gehört zu werden. Als ich dann wieder die Runde durchs Dorf machte, saß er in einem Winkel und hielt mir eine ganze Hand voll Kupfermünzen entgegen. „Schubertschilling“, sagte er. Also auswechseln! Das sollte ich ihm. Ein Begleiter von mir sagte: „Der schwarze Lump schmiert Sie an.“ Ich gab ihm den Schubertschilling, er mir die Kupfermünzen. Am Abend dann zu Hause zählte ich's nach, elf Groschen haben gefehlt. In meiner frühesten Jugend hab' ich schon gehört: die Leute, die viel und auffallend beten, sind nicht viel wert. Wahr ist es und gilt auch für Afrika.

Mit dem Derwisch ließ ich mich in ein Gespräch ein; er sprach gebrochen Deutsch, doch zum Verstehen. Salbungsvoll sagte er mir: „Allah alles schaffen, Allah alles machen, wer machen mein Haut schwarz, dein Haut weiß? Allah das machen.“ Dabei legte er seine Hand zu der meinen, ich sah, beide waren hübsch mager. Er hatte drei dickmächtige Weiber, dachte ich, die müssen täglich dreimal gefüttert werden, wer das machen? Auch Allah? Nein, das ist wieder Pflicht der Gläubigen. Wie mir von Kennern erzählt wurde, sind die Gläubigen einer mohammedanischen Gemeinde verpflichtet, den Derwisch samt seinen Weibern zu erhalten, und zwar so, dass sie standesgemäß leben können, dafür belehrt er seine gläubigen Schwarzen mit Unwahrheiten.

Kochen und essen konnte man auch sehen. Die Weiber kochten bei offenem Feuer, Tag für Tag Rindsgulasch mit Erdäpfel. So oft ein frischer Kreis Zuschauer um das Feuer stand, so nahm so eine schwarze Köchin einen langen Stecken, wo vorne eine schadhafte Schale angebunden war und hielt sie im Kreis herum, jedem unter die Nase, „Trinkgeld“, so wie bei uns der Mesner mit dem Klingelbeutel. Beim Essen saßen sie auf ebener Erde, meistens drei mitsammen, inmitten eine schadhafte Waschschüssel, alle aßen mit die Finger, und das ist eine Sehenswürdigkeit! Mit Daumen und den drei Fingern kneteten sie das Zeug zu einem kleinen Knödel und werfen es in den Mund, aber so geschickt, dass man staunen muss. Ich habe die ganzen Gruppen beobachtet und habe bei keinem gefunden, dass er von diesem „in den Mund werfen“ im geringsten bespritzt wäre. Eine Grup-

pe hatte einen Löffel, den sie abwechselnd einer dem andern borgten. Bevor er ihn dem andern übergab, leckte er ihn außen und innen ab, der andere aß gleich damit weiter, ohne ihn abzuwischen, ohne Angst, dass sein Vormann ein offenes Maul hat. Dabei führten sie eine lebhafte Unterhaltung und viel Gelächter. Aber so lange sie lachten, warfen sie nichts in den Mund, wahrscheinlich aus Angst, dass es gleich in den Magen hinunterfliegt und der Gaumen keinen Genuss hat.

Ein Wiener sagte: „Sie lachen uns aus, sie sagen, dass die Weißen so dumm sind, das glaubt man in ganz Afrika nicht." Der Häuptling aß allein in seinem Zelt, er saß etwas erhöht, die Beine gekreuzt, vor sich eine Schüssel, aber eine schöne mit Gulasch und Erdäpfel. Er knetete auch mit den Fingern solch kleine Knödel, warf sie ebenso geschickt in seinen Häuptlingsrachen. Zu Füßen saß ein Diener mit weißem Überwurf und erzählte ihm eifrig während der Mahlzeit wahrscheinlich Märchen. Der Häuptling hatte eine Riesengestalt, auf und auf mit Fett beladen, dafür hatte er auch fünf Weiber. Staunten einige: „Fünf Weiber? Zu was denn so viele?" Sagte einer: „Wieso so viel? Der König David hatte 70 und waren ihm noch zu wenig, weil er den Urias umbringen ließ, damit er seine Witwe bekam, so dass er dann 71 hatte. Sein Sohn, der weise Salomon, hatte gradaus 1000, da sind doch fünfe gar nichts dagegen."

Eine Gerichtssitzung sah ich auch: es wurden Zeugen einvernommen, über den Schuldigen das Urteil gesprochen, und er musste fünf Minuten hinter der Bank gebückt knien, auf der seine Richter, der Häuptling und der Derwisch saßen. Nach fünf Minuten gab ihm der Häuptling einen Wink und er konnte gehen.

Ich habe mir damals alles gründlich angeschaut, die Eindrücke gut bewahrt, und mich wundert's auch gar nicht, wenn diese Schwarzen sagen, das hätten wir gar nicht geglaubt, dass die Weißen so dumm sind. An List und Spitzbüberei sind diese Schwarzen den Weißen nicht nur ebenbürtig, sondern weit über. „Die armen Schwarzen", sagte unser Katechet. Ich weiß es anders.

Ich habe jetzt das Religiöse behandelt, nicht nur im Katholischen, sondern auch im Mohammedanischen.

Im Jüdischen kennt man sich überhaupt nicht aus. Jehova, der am Berg Sinai die Gebote gab, der doch auch unser Gott ist und dieselben Gebote auch für uns Christen gelten, erlaubt im Talmud dem Juden, dass er einen Nichtjuden betrügen kann, was dem Christen doch streng verboten ist? Das hat mir schon viel Kopfzerbrechen gemacht. Und Allah, wenn sich seine Gläubigen zur Erde niederwerfen und ein Geschrei erheben, wie wenn sie rasend wären und gleich nach dieser hitzigen Andacht der Zuschauermenge ein Trinkgeld abzapfen, soll ihm das eine Ehre sein?

Das Schönste und Erhebendste habe ich beim evangelischen Gottesdienst gefunden. Wenn ich an einem Sonntag in Wien bin, so gehe ich jedes Mal in den evangelischen Gottesdienst, um mich zu erbauen. Öfter gehe ich in die Christuskirche in der Triesterstraße aufs Emporium – wir sagen „Chor" –, da liegen die Gesangbücher am Pult bereit, die gehören der evangelischen Gemeinde und bleiben immer dort liegen. Die Gläubigen begrüßen sich freundlich, und das wirkt so wohltuend. Der Küster ist immer bestrebt, die Besucher freundlich zu empfangen und einen Platz anzuweisen; wenn die Sitze zu wenig sind, werden noch Sessel zur Verfügung gestellt. An hohen Festtagen müssen wohl auch viele stehen, und das ist es mir einmal vorgekommen, dass ein junges Fräulein aufstand, mich beim Ärmel nahm und mir ihren Sitz zur Verfügung stellte; wahrscheinlich sah sie, dass mein Untergestell nicht mehr recht stramm ist. Das hat mir wohlgetan im Körper und im Gemüt, es war auch während des Gottesdienstes die meiste Andacht.

Da ist es nicht so wie bei uns, dass man sich erst einen Sitz kaufen muss, um sitzen zu können. Es heißt zwar auf Lebensdauer, da so ein Sitz hübsch teuer ist, 20 bis 30 Schilling, aber vor 50 bis 60 Jahren ist er schwer zu bekommen, und dann ist die Lebensdauer bald aus.

Dann sind die Gläubigen, besonders die Frauen, sehr wählerisch; die meisten wollen einen auf der Epistelseite beim „großen Kreuz", da sitzen die „Besseren", will sagen die „Reicheren". Auf der Evangeliumseite saßen früher immer die Ärmeren und man nannte diese Seite immer die „Grasseite", weil die Ärmeren nur Ziegen hatten. Auf dieser Seite wollte einmal der Pfarrer Maglock einer älteren Frau einen Sitz anweisen; sagte dieselbe ganz beleidigt: „Auf der Grosseitn wüll i koan."

In Herrnbaumgarten, wie mir gesagt wurde, da werden die Sitze versteigert und den Meistbietenden gegen Barzahlung zugeschlagen.

Bei die Evangelischen ist beim Gottesdienst Predigt und Gesang die Hauptsache. An Festtagen die herrliche Musik, da immer Künstler mitwirken!

Oft war ich auch in der Schützengasse im 3. Bezirk, dort war ich mit dem Pastor Hans Kirchmair bekannt. Ich habe ihm einmal Rotwein verkauft. Ich war bei ihm in seiner Kanzlei, und wir plauderten und so gut, dass er mich für den nächsten Tag einlud. Außerdem spendierte er mir drei Bücher. Nächsten Tag, als ich ihn besuchte, nahm er mich mit in seine Wohnung im zweiten Stock, stellte mich seiner Frau vor, eine Tochter war auch anwesend. Ihr Mann, der Pastor, hat ihr gesagt, „ich werde dir einen Bauern zeigen, der ist etwas anders wie die Bauern."

Lieber Leser, es ist Wahrheit, was ich schreibe, und ich möchte schon um Verzeihung bitten, wenn ich offen sage, ich war, bin und werde immer stolz sein auf diese Worte. Wir haben uns lange unterhalten, und ich erinnere mich immer gern daran. Der Pastor war aus Oberösterreich, seine Frau aus Deutschland. Er lud mich noch ein, am Aschermittwoch abends zu kommen, um den Lutherfilm zu sehen. So ein Familienleben eines evangelischen Pfarrers möchte ich jedem katholischen Pfarrer wünschen; es ist doch etwas anderes wie eine Köchin! Wenn so ein katholischer Pfarrer Einblick nehmen würde in solche eine Pastorfamilie, ich glaube, das Herz würde ihm schwer. Leider verbietet ihm Rom schon seit dem 11. Jahrhundert dies irdische Himmelreich. Früher waren sie verheiratet – vom letzten Dorfpfarrer bis zum Papst.

Papst Innozenz VIII. war verheiratet und hatte 16 Kinder, die er gut versorgte und deshalb „Vater des Vaterlandes“ genannt wurde. So steht’s in Mayers Konversationslexikon.[37)] Aschermittwoch besuchte ich den Lutherfilm; das war für mich etwas Großartiges! Zuerst der lebenslustige Student, wie er auf der Laute spielte und mit seinen Kollegen dazu sang, wie sein bester Freund ermordet wird, wie der Blitz vor ihm einschlägt und er dieser Schicksalsschläge wegen Mönch wird, um seinen Herzensfrieden zu finden. Wie er mit einem älteren Bruder zu Fuß nach Rom reist, andächtig die Stiegen zur Peterskirche hinaufrutscht, während die Kardinäle in ihrer Purpurtracht, mit Dienern an der Seite, die Schattenspender über dieselben hielten; und nach denselben der Papst, der im Ornat, mit der Tiara auf dem Haupte, auf einem Tragsessel unter einem Baldachin getragen wurde. Der Pastor wies mit der Hand hin und sagte: „Der Stellvertreter desjenigen, der nicht wusste, wo er sein Haupt hinlegen sollte!“ Wie er dann zurückkommt, ungehorsam wird, seine 95 Thesen an die Schlosskirche anschlägt, den Auflauf der Menschenmassen, wie er die Bannbulle öffentlich verbrennt, wie er sich in Worms vor dem Reichstag verantwortet, wie der päpstliche Legat ruft: „Die Flamme dem Ketzer!“

Wie der Legat feilscht mit den Fürsten und jedem verspricht, fette Pfründen, reiche Heiraten usw.; doch Luther kommt durch. Schweißgebadet kommt er bei die Seinen an und sagt nahezu atemlos: „Gott sei Dank, ich bin durch!“ Zum Schluss dann noch die Flucht auf die Wartburg. Wer diesen Film gesehen hat, sagt mit mir: „Luther war ein Held!“

Ich bin dazumal erst zur Besinnung gekommen, denn ich habe im ganzen Leben über Luther nur spotten, schimpfen und Schauergeschichten erzählen gehört; der Film hat mich eines anderen belehrt.

In meiner Jugend hatte ich einen Freund, der hieß Martin, zu dem wurde immer gerufen: „Martin Luther, friss Kas und Butter!“

Auch anders wurde er's gerufen, was ich anstandshalber nicht niederschreiben kann. Und unzählige Male hat man hören können: Luther sitzt in der Hölle, Luther, den hat der Teufel geholt.

Das war einmal bei einer Totenwache bei Josef Wild, einem jungen Burschen; da erzählte der Kein Tondl, ein alter Knecht, vom Luther: ein neu geweihter Priester behauptet auf der Kanzel, Martin Luther sitzt in der Hölle und sagte, er will es beweisen. Er lud die Männer ein in einen Saal. Er selbst verhielt sich daselbst lange im Gebet, dann fragte er die Anwesenden, ob sie noch bereit sind, Martin Luther zu sehen? Alles bejahte, so verrichtete er noch ein Stoßgebet und rief mit lauter Stimme: „Martin Luther, tritt herein!" Die Tür öffnete sich, und herein trat Luther, mit einer Kette gefesselt, an jedem Ende von einem Teufel gehalten, so blieben sie im Saal stehen. Dem Großteil der Anwesenden schwanden die Sinne, sie wurden ohnmächtig, der Priester war verschwunden. Lange Zeit mussten die wenigen, die noch bei Sinnen waren, dieses Schreckliche schauen, bis ein Beherzter den Mut fand, an den Schreckgestalten vorbei und zur Tür hinauszugehen, um den Priester zu suchen. Derselbe wurde gefunden weit draußen am Feld, bei einem Kreuz kniend. Er wurde gebeten, zurückzukommen, um diese Höllengestalten zu bannen, was er auch tat. Er sprach wieder: „Martin Luther, tritt ab in deinen Höllenpfuhl!" Und Luther mit seinen zwei Peinigern verschwand, fürchterlichen Schwefelgestank zurücklassend. Im Volksglauben wird dem neu geweihten Priester alle Macht beigemessen.

Auf Totenwache und solche Geschichten dazu! Ich glaub, das war für mich damals schrecklicher, als es für Luther in der Hölle war.

Ich habe mich jetzt genügend lange beim Religiösen und ein wenig bei Aberglauben aufgehalten und will damit schließen. Wenn ein Unberufener dies liest, der wird sagen, was sich der um das Religiöse kümmert, das ist Sache derer, die dazu berufen sind! Halt, möchte ich da sagen, mir als Beteiligten ist es auch erlaubt, Kritik zu üben und meine Meinung zum Ausdruck zu bringen.

Von Krieg und Hungersnot.
Damit die Nachwelt weiß, was ein Hamsterer war.

Im Jahre 1914 brach der Weltkrieg aus, der dann alle Wirtschaft und Ordnung über den Haufen warf. Die jungen Leute bis 37 mussten sofort alle einrücken, später dann bis 50 Jahre. Zu Hause bei den Wirtschaften waren nur Weiber, Kinder und Greise. Die Grundstücke verödeten, warfen nicht viel ab, davon musste noch für das Heer geliefert werden.

In den Städten, besonders in Wien, haben die Menschen Schreckliches durchgemacht. Die Leute in der Stadt starben hin wie die Fliegen, besonders die Kinder. Für besser situierte Leute wurde aus der Molkerei heimlich Butter geliefert, und für die Ärmsten und deren Kinder war keine Milch zu bekommen. Eins steht fest: das Christentum hat sich schlecht bewährt. Bei die Bauern wurde fortwährend requiriert, Korn, Erdäpfel, Schmalz, Vieh, Heu usw. Da fingen die Bauern an zu verstecken, im Strohschober, Holzhaufen, das haben dann wieder die Mäuse gefressen. Ich selbst habe auch bei der Nacht einen großen Topf Schmalz aufs Feld getragen und tief eingegraben. Ich war auch ein Lump. Wenn ich es verkauft hätte, so wäre das schon eine heroische Tat gewesen, und der Käufer wäre mir heute noch dankbar, obwohl er's gut gezahlt hätte.

Im Jahre 1914, da ging's noch an, aber schon im nächsten, 1915, da wurde schon alles knapp. Wein ist in diesem Jahr viel gewachsen und wurde nach der Lese der meiste aufgekauft, aller um 30 Heller. 1916 war die Not schon groß, Höchstpreise waren eingeführt, Brotkarten, Fleischkarten, Fettkarten, Kaffee- und Zuckerkarten, Raucherkarten usw.; jeder bekam nur zu kaufen, was ihm vorgeschrieben war. Dann kam das Notgeld, jede Stadt hatte ihr eigenes Notgeld. Kupfervitriol wurde keins ausgegeben, folgedessen war die Lese total vernichtet von der Peronospora. Das Geld verlor an Wert, und in demselben Maße stiegen die Preise. 1917 war ein trockenes Jahr, es regnete vom Mai angefangen keinen Tropfen, der Hunger war jetzt da in seiner entsetzlichen Gestalt. Wein war mittel, aber sehr gut; er kostete nach der Lese 4 Kronen, im Frühjahr 1918 kostete er schon 10 Kronen per Liter. Später, in den nächsten Jahren, kostete dieser Wein bis zu 3000 Kronen und darüber.

Geld gab's damals wie Mist, alles Hunderter, Tausender, Millionen; wert war es freilich nicht viel. Der Wert des Geldes sank von 100 Kronen auf einen Groschen herab. Die Leute zeichneten ihr Geld auf Kriegsanleihe, das war dann alles hin.

Nach dem Krieg setzte die Hungersnot erst recht ein, dazu kam eine Krankheit, die Grippe, war ein großes Sterben in allen Län-

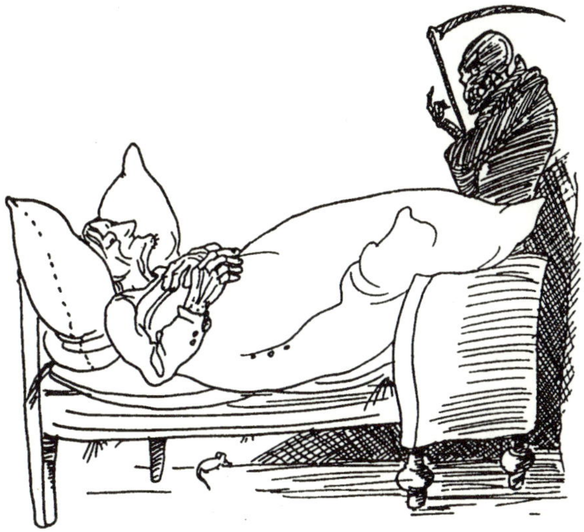

dern. Viele Leute, die keinen anderen Besitz hatten als Geld, die wurden alle zu Bettelleuten und umgekehrt, diejenigen, die viel Schulden hatten, aber Grundbesitz, zahlten ihre Schulden mit Korn, Erdäpfeln, überhaupt mit Lebensmitteln mit Leichtigkeit.

Aber Wien sah trostlos aus: abends nahezu kein Licht, beinahe keine Straßenbahn, abends alles wie ausgestorben, vormittags die Frauen in Schlangenreihen angestellt beim Kaufladen, ein halbes Kilo Erdäpfel, 10 Deka Fett, einen halben Liter Milch usw. Da gingen die Frauen schon immer nachts hin, um weiter vorne zu sein. Einen Trupp Rekonvaleszenten sah ich in der Linken Wienzeile marschieren, verhungert, abgehärmt, die sangen beim Marschieren, wahrscheinlich auf Befehl, um dem Volk glauben zu machen, dass diese armen verhungerten Soldaten lustig sind. Lug und Trug überall. 1918 kam der Zusammenbruch, alles kam nach Hause und hatte Hunger, die Preise stiegen ins Unermessliche, bis sie im Jahre 1924 ihren höchsten Stand erreichten.

Preise vom Jahre 1917 im Vergleich zu 1924

Rindfleisch, 1 Kilo ...	7,60	30.000
Kalbfleisch	7,-	38.000
Schweinefleisch	8,60	36.000
Schöpsernes	6,40	35.000
Schmalz	9,60	36.000
Butter	9,60	80.000
Semmel	-,07	400
1 Laib Brot	1,-	10.000
Kornmehl	-,48	4.100
Weizenmehl	-,70	6.600
Grieß	-,66	8.200
Reis	4,24	10.300
Linsen	1,48	18.000
Erbsen	-,64	13.000

Bohnen	-,96	8.400
1 Liter Milch	-,36	4.500
1 Ei	-,40	
Würfelzucker	1,24	12.000
Kaffee	8,-	80.000
Malzkaffee	1,60	11.400
Feigenkaffee	-,56	6.000
1 Liter Essig	-,60	20.000
Öl	-,12	1.000
Erdäpfel	-,12	30.000
Taglohn für Wäscherin	-,12	30.000
Taglöhner	1,-	30.000
Fuhrwerk	10,-	300.000
Petroleum	-,48	3.000
Lichtstrom	-,40	7.000
1 Schachtel Zündholz	-,07	3.000
Steinkohle	5,60	90.000
Braunkohle	2,50	65.000
Bier	1,12	6.400
Wein, alt	4,-	18.000
Wein, heurig		4.14.000
Junges Pferd	-,00	15,000.000
Korn		bis 42.000

Wenn diese meine Aufzeichnungen von kommenden Generationen gelesen werden – ich und meine Zeitgenossen werden längst vermodert sein –, da wird mancher sagen, das ist Wahnsinn oder Lüge und deshalb will ich nochmals kräftig betonen: *Es ist Wahrheit!* Die Wiener brachten ihre ganzen Habseligkeiten heraus, um Lebensmittel einzutauschen: Kleider, Schuhe, Wäsche, Schmuck, Uhren, Fahrräder, überhaupt alles Erdenkliche. Für einen Sack Erdäpfel ein gutes Fahrrad, für eine Kanne Milch eine Taschenuhr, für ein paar Kilo Schmalz einen neuen

Anzug oder Wäsche, Schuhe usw. Der christliche Bauernstand – dazumal ist er aus der Rolle gefallen und handelte recht unchristlich! Ja, wenn es ums Geld geht! Beten, das schon, das kostet nichts! Aber auch anderes wurde von manchem Bauer von den Hamsterweibern begehrt!

Ich fuhr kurz nach dem Kriege von Wien heraus, gegenüber mir saß ein älterer Mann in einen abgetragenen Mantel eingemummt und sinnierte. Ich knüpfte ein Gespräch an, er wurde sehr redselig. Da erfuhr ich, dass er ein Wirtschaftsbesitzer aus Ladendorf ist. Ich fragte um den Hans Schwedt, der war ein Poysdorfer und hatte in Ladendorf eine Villa, ein schwerreicher Mann, jedoch durch die Geldentwertung gänzlich verarmt. Da wurde mein Gegenüber recht gesprächig. „Wui der, der is jo bold verhungert, der hot nix mehr ghobt ols wia Haut und Boana, koa Geld hot er nimma ghobt und ohne Geld hobn wia eahm nix mehr gebn. D' Villa hot er a um a poor Säck Erdäpfel verkaaft." Dabei lächelte er so glücklich in sich hinein, wie der Buddha, dabei zog er seinen Mantel ein um das andere Mal fest übereinander. Dann erzählte er mir, wie teuer er seine Lebensmittel den Hamsterweibern verkauft hat, wauje, viel teurer wie andere Leut! Dann schwieg er wieder eine Weile und lächelte nach innen. Der Mann machte einen Eindruck auf mich wie ein schäbiger Geizhals. Ich habe mich nicht getäuscht, ich habe noch mehr erfahren. Vielleicht zehn Jahre später fuhr ich wieder von Wien nach Hause, da saß eine Frau neben mir und wir plauderten. Sagte die Frau: „Diese Strecke kenne ich, ich bin immer hamstern gefahren nach Ladendorf, da kenne ich alle Leute." Ich fragte sie, ob sie den alten W. auch kennt. „Den? Ja, den kenne ich, den alten Zwinglianer, ein alter Geizhals; aber für etwas hätte er auch umsonst etwas gegeben. Einmal war ich um Eier bei ihm", sagte sie. „Da müssen wir am Boden nachschauen", sagte er, „da müssen Sie mit hinauf suchen helfen." „Eine Weile suchten wird und dann – –, ich gab ihm einen Wurf, dass ihm die Lust verging", sagte die Frau.

Die Nachwelt soll auch wissen, was „Hamsterer" heißt: Das waren Leute aus Wien, die alles Essbare kauften, vom Erdapfel bis zum Fleisch, und es in Wien noch viel teurer verkauften. Die Greißler in Wien verkauften Erdäpfel, die nicht größer waren als eine Nuss, um 1000 Kronen das Kilo, und da nur ein halbes Kilo pro Person. Wenn man in Wien in ein Gasthaus ging, bekam man nichts zu essen, nur zu trinken. Nicht einmal eine Semmel. Im Felde war's noch schlechter, da gab's tagelang nichts zu essen.

Ehemals reiche Leute, wie der Apotheker Romanek, verkaufte seine Apotheke, binnen kurzem war er ganz verarmt. Ich sehe ihn heute noch, wie er aus einem Bauernhaus kam und dann mit Heißhunger ein Stück Brot auf der Gasse aß. Die reiche erbgesessene Postmeisterfamilie Sinnreich verarmte ganz. Reiche Bauern wir Rupp, Wiesböck, Künstler verkauften ihre Wirtschaften und verarmten ganz in kurzer Zeit. Wiener Hausherren verkauften ihr Haus, um damit Lebensmittel zu kaufen; der Geldwert sank und binnen kurzer Zeit waren sie Bettelleute.

Da kam der Mieterschutz. Diejenigen, die die Häuser kauften, hatten auch nichts davon, denn sie durften niemanden steigern und niemanden kündigen. Eine Kleinwohnung kostete 20 Kronen, die Krone war im Jahre 1922 nicht 30 Heller wert, das waren folgedessen noch 6 Kronen wirklicher Zins. Im Jahre 1924 waren 100 Kronen gleich einem Groschen. Alles verarmte oder ging zugrunde, nur polnische Juden kamen in die Höhe. Ein Bosel[38)], der mit Nichts nach Wien kam und es binnen kurzem zum Millionär brachte, ein Castiglione[39)] dasselbe, und keiner von diesen hat je im Leben Hand voll gearbeitet!

Wenn zwei Bauern, die nebeneinander ihren Besitz haben, einer dem andern den Grund wegstiehlt, die dürfen deshalb einer den andern nicht erschlagen, sondern sie müssen das Gericht entscheiden lassen. Und da wir heute in Genf so eine Art Weltgericht haben, so muss halt bei Völkerstreitigkeiten dieses Gericht entscheiden, und wenn das nicht geht, nun, dann muss halt *Es* gehen.

Waren zwei Bauern als Grundnachbarn. Der eine wollte seinen Grund billig vergrößern, so stahl er dem Nachbarn kurzerhand eine Furche weg. Der andere war einer von denen aus die acht Seligkeiten, wo's heißt: die Sanftmütigen werden das Erdreich besitzen. Er sagte in aller Gemütsruhe zum Nachbar: „Oa Furi konnst da no nemma." Der stutzte, jetzt hab ich ihm ohnehin eine gestohlen und eine kann ich mir noch nehmen? Aber er nahm's! So sagte der Sanftmütige: „Und oani gib i dir selber drauf, damit du drei host." „Da brauste dieser auf: „Ich brauch nix von dir, ich sch... dir drauf!" Und ließ alle drei Furchen. So sollen es die Volksnachbarn auch machen. Krieg hat's immer gegeben, sagen die einen, Krieg muss sein, sagen die andern, und der Krieg kommt von Gott, sagt manches Rindvieh. Ich sage, Krieg ist nicht notwendig, vernünftige Nachbarn kommen ohne Streit durchs Leben.

Ich habe mir etwas ausgedacht, ein unfehlbares Mittel, um für immer währende Zeiten den Krieg zu verhindern, und werd' mir's patentieren lassen: Beim Weltgericht – man nennt's *Völkerbund* – muss beschlossen werden, dass alle diejenigen, die einen Krieg anfangen, erklären oder erklären lassen, vorne in der ersten Reihe *gegen den Feind* marschieren müssen!!

Auch anderes brachte der Krieg: Diebstähle, Raub, Einbrüche, unzählige Morde und die Lustseuche. So mancher holte diese schreckliche Krankheit sich draußen. Wenn man im Spital in eine solche Abteilung hineinkam, man entsetzte sich. Die Gesichter aussätzig, die Augen verschwärt, Nase und Ohren zum Teil verfault, einen fürchterlichen Geruch gebend. Auch in die entlegensten Gegenden wurde von nichtsnutzigen Hamstermädeln und auch Weibern diese schreckliche Krankheit verschleppt. Dem Ladendorfer Bauern, dem hätte solch eine gebührt!

Diese Hamstermädel und Weiber gaben alles für Lebensmittel, *auch das*, und ließen diesen näschigen Bauern mitunter ein bleibendes Andenken zurück. Einem christlichen Bauern, dem mehrere solche Weiber zuliefen, so dass er's zur Abwechslung hatte, blieb auch so ein Andenken zurück. Er wurde krank, siechte langsam dahin und starb dann gar. Sein Weib sagte, als er schon krank im Bette lag: „Siagst, dös host jetzt von deine Hamstererweiber!"

Wie es dazumal in dieser Umsturzzeit auf den Bahnhöfen zuging, will ich auch noch kurz schildern. Beim Schalter, da gab's beim Frühzug täglich eine solch große Menschenmasse, dass es kaum zum Hinkommen war, ein Drängen, Drücken und Stoßen, Zank und Streit schon in aller Herrgottsfrüh am nüchternen Magen. Die Waggons waren so vollgepfropft, wie eine Heringstonne, sogar auf den Trittbrettern standen welche. Einmal sah ich – es war in Stammersdorf – wie eine Frau beim letzten Waggon auf dem Trittbrett stand, der Zug machte einen Ruck zum Weiterfahren, sie fiel rücklings hinunter und musste zurückbleiben. Einmal beim Nachtzug gegen Wien – es war in Martinsdorf – musste eine Frau zurückbleiben, denn alles war voll besetzt, auch das Trittbrett. Die Frau, einen Rucksack auf dem Rücken, in einer Hand eine Kanne, in der andern eine Tasche, die bat, weinte und schrie: „Um Gotteswillen, lasst mich mitfahren, mir verhungern ja heut Nacht meine Kinder!" Der Zug setzte sich in Bewegung und ließ die Frau mit ihrem Jammer in Martinsdorf zurück.

Man stelle sich vor eine abgehärmte Frau, nahe der Niederkunft, den ganzen Tag auf der Suche nach Lebensmitteln, dabei Dutzend Mal abgewiesen, bei jedem Eingang eine Blechtafel: „Achtung, bis-

siger Hund!“ Am Abend den schweren Rucksack mit Erdäpfeln oder Rüben zur Bahn schleppen und dann drei Stunden im Waggon bis Wien, in dieser Drängerei stehen und zum Schluss vielleicht noch Meidling oder Mariahilf? Elektrische mit Platz war abends kaum zu erwarten. So war's, lieber Leser! Ich habe es gesehen und erlebt, denn ich bin unzählige Male nach Wien gefahren und habe meine Freunde versorgt. Die Bahn war billig, um den Erlös von zwei Eiern oder einem Liter Milch konnte man nach Wien fahren per Bahn, und zwar von Poysdorf aus.

Gern gesehen waren diejenigen Hamsterer, die Rauchwaren brachten, da waren die Raucher splendid, denn zum Rauchen war beinahe nichts zu bekommen. So mancher wurde aber von den Gaunern hineingelegt. In der Regel hatten diese Pilger große tiefe Schachteln mit hundert bis zweihundert gestopften Zigaretten. Die obere Lage war in der Regel mit Tabak gestopft, die unteren dann mit Heu oder Laub. Betrug war an der Tagesordnung. Erpichte Raucher griffen zu verschiedenen Ersatzmitteln: zu Kleeheu, Waldmeister, Buchenlaub, Rinde von den Weinstöcken, Nussbaumlaub usw. Auch Tabak wurde gebaut, jedoch konnte ihn niemand herrichten. Von diesem Ersatzmittelrauchen hat sich so mancher ein Leiden geholt und ging daran zugrunde.

Georg Schuckert, ein großer Bauer aus der Brunngasse, rauchte lauter Luzerner Kleeheu; er starb an Mundkrebs. Viel schlechter war's in der Nachkriegszeit, wie während des Krieges; wir haben es erlebt, durchgelebt und können es folgedessen bestätigen.

Dann kam die Stabilisierung des Geldes. Eine Million Kronen wurden hundert Schilling, tausend Kronen wurden zehn Groschen und hundert Kronen wurden sage und schreibe ein Groschen.

Am 15. November 1933 starb meine Frau im Alter von 67 Jahren. Am 14. November 1893 nachmittags 3 Uhr wurden wir getraut und am 14. November 1933 bekam sie vom Pfarrer Jakob Zeggel die letzte Ölung; in der Nacht starb sie dann, also nach gerade 40 Jahren Ehe.

Jetzt werde ich halt den letzten Lebensrest allein bis zum Ende gehen. Freilich meinten schon mehrere, ich sollte noch heiraten; ich weiß schon, es passt immer, dass die Leute was zum Lachen hätten, hab's ohnehin öfters erlebt bei solch alten Witwern. Ach, lieber nicht!

Vom Reisen und wie der Berndl Leopold Wien erlebt

Unser Herr Pfarrer und noch einige sind heuer nach Paris gefahren zur Weltausstellung. Das möchte ich auch – aber 's Geld dazu! Der Fürst Starhemberg macht jetzt im Flugzeug seine Hochzeitsreise nach Indien – das möchte ich noch lieber, aber wieder dieses dreckige Geld! Und weil ich das nicht habe, so verzichte ich darauf und schaffe mir ein anderes Vergnügen, das billiger ist und doch schön. Ich fahre schon jahrelang zweimal nach Wien. Von da aus mache ich dann meine Ausflüge: auf den Bisamberg, nach Klosterneuburg, Perchtoldsdorf, Rodaun, Kalksburg. Mödling, Zentralfriedhof, Krematorium, Urnenhain, Friedhof der Namenlosen, Flugfeld in Aspern und Stammersdorf.

Am Bisamberg setzte ich mich beim Elisabethhöhendenkmal nieder und schaute stundenlang hinunter ins Donautal. Das ist etwas Prächtiges. Da lass ich im Geiste den Nibelungenzug vorbeiziehen, ich sehe im Geiste den Kaiser Leopold anno 1683 mit seinen schönen Locken auf der Flucht vor den Türken, um sich in Sicherheit zu bringen. Von einem derzeitigen Schriftsteller las ich einmal: Die geheiligte Person seiner Majestät musste vor allem in Sicherheit gebracht werden. Ich aber meine, der Hirt hat bei der Herde zu bleiben und sich nötigenfalls zu opfern, und nicht, dass er die Herde sich opfern lässt.

Ich steige dann ab nach Korneuburg, einen Imbiss nehmen, um dann (im Sommer) mit der Fliegenden Brücke nach Klosterneuburg hinüberzusegeln. Das sehe ich mir auch an und mache dann eine Fußwanderung hinunter nach Heiligenstadt zur Endstation der Elektrischen. Von da fahre ich zur Philadelphiabrücke, durch Hetzendorf, Speising bis Mauer. Von da über die Stiegen zur Rodauner Waldmühle, am Fußsteg durch die Weingärten und da liegt Perchtoldsdorf mit seinem interessanten Turm vor mir. Da denk ich an den einzigen Bewohner, der sich im Turm gerettet hat, während die anderen Einwohner bis auf den letzten am Marktplatz von den Türken niedergemetzelt wurden. Dann seh ich mir Perchtoldsdorf gründlich an, gehe zum Heurigen, mit Gästen einen gemütlichen Plausch und Meinungsaustausch. Bei meinem letzten Besuch im Oktober besuchte ich Karl Hans Strobl[40)] in seiner Villa. Ich wollte nämlich sehen, wie ein Dichter aussieht. Er war sehr freundlich, schenkte mir ein Buch, was für mich eine Freude ist. Abends dann zurück nach Mauer und dann mit der Straßenbahn nach Wien übernachten. Nächsten Tag auf den Zentralfriedhof, den ich nach allen Richtungen durchquere, Aufsuchen von bekannten Gräbern, Judenbegräbnissen beiwohnen, Besuch der Gräberfelder der Gefallenen und Kriegsgefangenen usw., dann ins Krematorium, einer Einäscherung beiwohnen. Dann in den schönen Urnenhain, wo ich verschiedene bekannte Gräber besuche, darunter den Spenglermeister Kühlhawi mit seinem Sohn Hans. Von da nach Albern zum Friedhof der Namenlosen. Da wird man schwermütig, wenn man diese Hügelreihen betrachtet, welch namenloses Weh wird diese Unglücklichen gedrängt haben, dem ganzen Jammer in den Fluten der Donau ein Ende zu machen! Von diesem Friedhof geht jeder schwermütig weg, denn unter diesem Rasen liegt unendliches Leid.

Es hat mich auch gedrängt, einmal zu schauen, wie es den Menschen gehen mag, ehe sie so weit sind, dass sie den Weg zum Friedhof der Namenlosen antreten. Da bin ich halt zu den Obdachlosen gegangen. Das ist auch wieder was zum Nachdenken. Manche fahren nach Wien, um etwas zu sehen, ein Stück in der Burg, in der Oper, am Bauernbundball, dann vielleicht zu die „Menscha", damit die Brieftasche eine schlanke Linie bekommt, aber „d' Obdachlosen" – wer wird da schon neugierig sein?

Dicht gedrängt stehen sie beim Tor in der Gänsbacherstraße, um 5 Uhr ist Einlass, das ist aber der erste Trupp, um 6 Uhr der zweite, um 7 Uhr der dritte und um 8 Uhr der letzte Trupp. Im Heim selbst herrscht die größte Ordnung und strengste Disziplin. Zank und Streit sind streng verboten, jeder muss sich ausweisen, jeder wird kontrolliert, ob er frei ist von Ungeziefer, jeder bekommt seine Suppe und ein Stück Brot und eine reine Schlafstelle.

Am Morgen geht der erste Trupp um 6 Uhr hinaus im Winter, dann der Reihenfolge nach jede Stunde, wie sie abends angekommen sind, zuvor bekommt jeder Suppe und Brot.

Jeder im Rocksack seine Schale zur Klostersuppe, so kommen sie beim Tor heraus und zerstreuen sich nach allen Richtungen. Auf Bahnhöfen, Markthallen, Wärmestuben, in Branntweinspelunken, wenn es kalt ist, suchen sie tagsüber Schutz. Betteln, Zigarettenstümpfe suchen, ist die Tagesbeschäftigung und abends wieder zurück in die Gänsbachergasse.

Interessant ist es im Sommer. Vor dem Heim ist ein Park, der ist nur von Obdachlosen besetzt, das ist die Börse. Hier wird täglich gehandelt, geschachert und getauscht. Kleider, Schuhe, Wäsche und alle erdenklichen anderen Artikel, alles alt und übertragen. Was beim Tag erbettelt wurde, das kommt hier in den Handel. In einer Ecke ist die Trafik. Der Trafikant macht aus die Tschick frische Gestopfte, das Stück zu einem Groschen. An der Mauer, da wird mit Groschen angemäuerlt, Kopf und Adler oder rennen lassen und spannen mit der Hand. Das Spiel ist für die Leute so anregend und aufregend, wie etwa im Spielkasino in Baden oder in Monte Carlo. Es kann dabei einer auch alles verspielen, was er tagsüber erbettelt hat.

Hinter dem Heim ist die Wiese, da ist das Kaffeehaus, eine Grube, darüber ein Dach aus Wellblech, da haust der Cafetier. Der holt sich in den Kaffeehäusern den Sud und braut nochmals davon einen Schwarzen, eine Schale zehn Groschen. Kunststücke kann man auch sehen, denn es gibt Künstler drunter, Schauspieler, Artisten, Akrobaten, lauter verkrachte Existenzen. Ich und ein Freund haben uns unter sie herumgedrückt, mitgeplaudert; es war gar nicht gefährlich.

Mit einem knüpfte ich ein Gespräch an, wie es ihm da gefällt. Er war Schmied, sein Vater hatte eine gute Werkstätte in einem äußeren Bezirk, war einziger Sohn und sollte die Werkstätte übernehmen. Da kam der Krieg. In den Karpaten einen Armschuss und gefangen, sechs Jahre in Sibirien, als er nach Hause kam, die Eltern gestorben, das Geschäft in anderem Besitz, die Braut verheiratet, trostlos. Eine Zeitlang hatte er Verdienst, dann ausgesteuert, nichts mehr zum finden, er ging auf die Walz, auch in unserer Gegend war er. In Ameis war es, da spielten eine Schar Kinder auf der Gasse. „Grüß Gott", sagten sie und liefen alle davon, jedes bei einem Tor hinein. Als er hinkam, etwas zu erbetteln, war alles verriegelt. Im Pfarrhof reichte ihm die Haushälterin zwei Groschen bei der Türspalte heraus und schon den Riegel zu, an jedem Tor die Blechtafel „Bissiger Hund". „Als junger, kräftiger Mann ging ich hinaus, das Vaterland zu schützen, zum Krüppel geschossen, sechs Jahre gefangen in Sibirien, zu Hause alles verloren, und jetzt alles verriegelt. Haben Sie eine Ahnung von meiner Gemütsverfassung?" Ich begriff ihn!

Er sagte: „Ich bleib jetzt bei die Enterbten, die sind meinesgleichen, und vegetiere weiter. Früh und abends bekomme ich hier Brot und Suppe, zu Mittag im Kloster, ein Pfarrer gibt mir alle Samstag einen Schilling, ein guter Freund kauft mir zu Weihnachten Schuhe, Wäsche und etwas Kleider, obwohl er selbst zu kämpfen hat, ein bekannter Selcher gibt mir jede Woche einen Kranz Wurst und ein reicher Verwandter gibt mir immer gute Ratschläge, ich soll mich um Arbeit umschauen! Jede Woche geh ich am Zentral", sagte er, „und schau in die Schachtgräber hinein, und freu mich auf den Moment, wenn ich schlafen gehe."

Wenn ich noch mal hinkomme, den such ich mir, um wieder zu plaudern mit ihm.

Manchmal geht's auch nach Aspern zum Flugfeld. Da sitz ich stundenlang und gaffe, wie die Flugzeuge aufsteigen und niedergehen, und dann nach Stammersdorf, wo ich gute Freunde habe und wo's a Hetz ist.

Und jetzt möchte ich fragen: War das nicht schön? Hab ich da nicht viel gesehen?

Wer braucht da schon Paris? Vielleicht wegen dem Eiffelturm? Mir ist der Stephansturm gerade hoch genug zum Hinaufschauen.

Oder die große Stadt Paris? Wien reicht auch von einer Grenze bis zur andern.

Oder die noblen Pariser? Bettelleute haben sie auch nicht viel mehr wie in Wien. Aber das eine weiß ich: Keine Großstadt der Welt hat solch schöne Umgebung als Wien. Und ein Flug nach Indien, wie ihn der Fürst jetzt macht, ist auch noch nichts gegen meine Ausflüge in die Umgebung Wiens, denn was ist Indien schon?

Ich habe mein Lebtag gehört, dass man lästige Leute dorthin wünscht, wo der Pfeffer wächst, und in Indien, da wächst er!

Ich habe jetzt gezeigt, dass man keine Reichtümer braucht, um sich etwas anzusehen, es geht billig auch. In Deutschland dürfen auch die Arbeiter reisen! K. d. F., Kraft durch Freude[41)], nennt man das. Und bei uns?

„Schön ist die Jugend ..."

Mein guter Freund in der Gegend war der Ernst Martin, vom Nachbarn der Sohn. War auch einmal bei ihm, seine Eltern gingen aufs Feld und überließen uns ihre jüngste Tochter Anna, fünf Jahre alt, zum Hüten. Wir vergnügten uns auf unsere Weise und haben dabei auf die Nettel vergessen. Als wir uns dann doch an sie erinnerten, suchten wir sie und nach langem Suchen fanden wir sie in der Jauchgrube tot auf, ertrunken, mausetot. Das Mädel hatte die Fallsucht und deshalb dieses Unglück. Mir war damals so weh zumute, und ich hatte eine Angst, die ich nicht schildern kann. Ich selbst war damals sechs Jahre alt, der Martin sieben Jahre und die Ertrunkene fünf Jahre. Wir haben wohl Leute gerufen, aber es hat nichts mehr genützt. Sie war tot. Als dann ihre Eltern nach Hause kamen, hat's für den Martin über den Hintern etwas gesetzt, aber es war halt geschehen. Das Mädel ist dann seziert worden und ihre Mutter ist mit Arrest bestraft worden. Mir selbst war lange Zeit weh zum Sterben.

Mit diesem Martin habe ich allerhand Abenteuer durchgemacht, aber Gescheites nichts. Da haben wir einmal im Lewitschhaus etwas angestellt, was, das sag ich nicht, aber der Lewitsch kam dazu und lief uns nach. Wir flüchteten uns zum Ernst in die Futterkammer, da stand eine Truhe, in die sprangen wir hinein, ließen den Deckel zufallen, damit uns der Lewitsch nicht finden soll. Als wir glaubten, dass alles sicher ist, und wir wieder aus der Truhe hinauswollten zeigte es sich, dass das Schloss eingeschnappt war; wir

konnten nicht mehr heraus. Wir schrieen und heulten, stießen mit den Köpfen nach oben – niemand hörte uns. Jetzt kam noch die Angst dazu, wir ersticken. Wir machten ein Geheul und ein Gepolter; das war etwas Entsetzliches, mit einer entsetzlichen Angst, so zusammengezwängt in dieser Truhe verharren! Endlich nach Stunden kam die Erlösung. Ein böhmischer Bub, der bei Alois Haimer Deutsch lernen war, kam dazu und öffnete den Deckel. So mancher, der das liest, wird meinen, das ist nicht so arg, in der Truhe sitzen, nun, er soll's nur probieren, er wird schon sehen.

Ich und der Rieder Johann haben auch Verschiedenes unternommen. Gutes nichts. Sind wir einmal ins Kirschenbrocken, eigentlich stehlen, gegangen zur alten Lindenbäuerin in Fuchsenbergen. Diese alte Betschwester hat in der Kirche und beim heiligen Johannes immer so laut und auffallend gebetet: „Jetz unierschtunin unseres Absterben zsammen" („Jetzt und in der Stunde unseres Absterbens, Amen!") Das hab ich ihr immer täuschend ähnlich nachgemacht; die anderen Buben haben gelacht, und sie kam schon dahergewackelt und hat uns die Schädel zusammengestoßen oder fest gebeutelt.

Zu der gingen wir um Kirschen. Die Kirschen waren erst halbreif, und wir mussten so herumsuchen, um eine reife zu finden. Anschließend war ein Weingarten, der auch der Lindenbäuerin gehörte. Ich machte einmal einen Blick hinauf in den Weingarten und da sah ich sie am Rain herunterwackeln, wie eine Ente, wahrscheinlich hat sie uns erblickt.

Ich, ohne ein Wort zu meinen Kollegen zu sagen, nahm Reißaus, quer durch Klee und Kornfelder, bis ich in voller Sicherheit war. Den Rieder hat sie erwischt und hat ihm seinen Helm*) genommen; der Helm war blau, er war von seinem Vater.

Ich erwartete ihn bei einem blühenden Dornstrauch. Er kam dann nach, ohne Helm, ganz gedrückt, das Weinen war ihm nahe, reden konnte er kein Wort, so riss er sich eine Hetscherlrose ab und roch dazu, um seinen Jammer zu verbergen. Ich war damals so voll Freude, dass sie ihn erwischt hat und nicht mich – um meinen Helm wäre mir leid gewesen.

Wenn mir dieses Abenteuer manches Mal noch einfällt, so denke ich immer: Ich war doch ein schlechter Lump, denn wer seinen Freund in der Not verlässt, das ist ein schlechter Mensch. Aber es war, ich war schadenfreudig, und die Schadenfreude ist die aufrichtigste Freude, denn sie kommt vom Herzen.

Nächsten Tag kam die Lindenbäuerin zu dem Rieder seinen Eltern und hat sich beklagt über uns, dass wir den Zaun zerbrochen haben, und wollte Schadenersatz. Ob sie etwas bekommen hat, ich weiß es nicht. So viel weiß ich: den blauen Helm hat sie ihm zurückgegeben. – Wenn diese alte Lindenbäuerin im Himmel ist und betet das Vaterunser so laut und auffallend, na, ich dank schön!

Der Rieder Johann war dann Korporal bei den Dragonern, der geht noch immer stramm aufrecht. Heute mit siebzig sitzen wir beim warmen Ofen beisammen und sind brav, reden von vergangenen Zeiten und von der heutigen nichtsnutzigen Jugend! Wir sind schon die richtigen. Wir hören uns das Radio an und da vergeht die Zeit. Da hören wir die Friedensbeteuerungen von allen Mächten, die dabei den Säbel schleifen und die Giftgasbomben erzeugen.

*) = Kappe

Auch die Zeitung durchstöbern wir, da steht: Rekordernte, Weizen im Überfluss, Kaffee dasselbe, eine Million Sack wurden vernichtet, daneben steht, dass der oder jener an Unterernährung gestorben und irgendwo die Hungersnot ist, die essen schon Baumrinde. Wenn das nicht eine schöne Unterhaltung ist, dann weiß ich nicht.

Der Kassier N. ist mit soviel tausend Schilling durchgegangen, ein Steckbrief wurde erlassen. Großer Einbruch bei der Firma X., sie machten riesige Beute, von den Tätern fehlt jede Spur. Ein Mord, nach dem Täter wird gefahndet. Eine nationalsozialistische Versammlung wurde ausgehoben, sämtliche Teilnehmer wurden eingeliefert. Da vergeht die Zeit und wir spüren kaum, dass wir älter werden.

Im Jahre 1876 waren in unserer Gegend die Kaisermanöver, in Poysdorf war das Hauptquartier, da hab ich den Kaiser gesehen, hoch zu Ross. Da gab's Soldaten und überall Soldaten. Dieses Manöver, das war etwas für uns Buben. Leere Patronen suchten wir massenhaft zusammen und verkauften sie dem Juden. Auch mit Pulver hantierten wir, mich wundert's noch heute, dass kein Unglück geschah. Wir wurden nicht müde, den ganzen Tag von einer Truppe zur andern zu laufen und zu gaffen. War auch ein Trupp aufgestellt bei der Bachlucke, jetzt Trautsohngasse. Wir Buben standen auch dort, da sagte ein Infanterist: „Du Klaner, geh, hol mir im Wirtshaus einen Wein.“ Gab mir seine Feldflasche und 13 Kreuzer. Ich hängte die Feldflasche um und lief, was ich konnte, zum Gasthaus Beng in der heutigen Franz-Joseph-Straße, ließ den Wein füllen und lief im Eilmarsch wieder zurück.

Als ich zurückkam, waren die Soldaten weg. Jetzt ging ich auf die Suche; wo ich Soldaten sah, lief ich hin, aber nirgends fand ich den, den ich suchte. Behalten getraute ich mir die Flasche nicht, so versteckte ich dieselbe hinter dem alten Friedhof in einem Strauch.

Das war im August; Ende Oktober ging ich mit dem Kameraden Ließ auf das Feld zu seinen Eltern, da gingen wir bei dem Strauch vorüber und ich sah nach. Richtig lag sie noch dort, unberührt, der Wein war noch drinnen, den habe ich ausgeleert, habe die Feldflasche umgehängt, stolz, der Klemens war mir neidig.

Als wir zu seinen Eltern kamen, bearbeiteten sie mich gemeinsam, der Klemens, sein Vater und seine Mutter, ich soll dem Klemens die Flasche geben, ich krieg dafür eine andere, die größer ist.

Die Übermacht war zu groß, ich habe mich bereden lassen, aber mit dem Moment, als ich sie hergab, reute es mich. Er hing sich's gleich um und war stolz und glücklich. Ich war augenblicklich gemütskrank.

Wir gingen dann alle zwei mitsammen nach Hause, er stolz mit der Feldflasche, ich wortkarg, Ränke schmiedend, wie ich am leichtesten wieder zu meiner Flasche komme. Das musste jetzt am Nachhauseweg geschehen. Als wir auf der Reichsstraße beim Preußenfriedhof gingen, sagte ich ganz unvermittelt: „Geh, Klemens, lass mir's auch noch ein wenig umhängen, ich möcht's noch einmal ein bissl probieren." Und der dumme Kerl hat mir's richtig geborgt, ich hätt's nicht mehr hergegeben, ich glaub, lieber das Leben.

Nach einer Weile mahnte er schon, ich soll's ihm wieder geben. Ich sagte: „Ich gib's nimmer her" und entfernte mich ein wenig. Er war einen Kopf größer als ich, da rechnete ich eben, er wird mir's mit Gewalt wegnehmen, ich war zur Flucht bereit, laufen konnte ich.

Doch nichts dergleichen. Er fing zu weinen an, zu bitten, zu versprechen. Ein großes Flaschl, ein kleines noch dazu, Zwiebeläpfel und einen Taschenfeitel.

Und ich? Nicht um ein Königreich gib ich's mehr her ...

Ich bin der Ließ-Familie dann längere Zeit ausgewichen; die Alten hab ich gefürchtet, bis die Geschichte in Vergessenheit kam. Einige Jahre war die Feldflasche meine Freude und mein Stolz, da sagte einmal mein zukünftiger Firmgöd: „Gib her die Flaschen, ich gib dir zehn Kreuzer dafür, du brauchst sie ohnehin nicht." Schwer war das, aber beim zukünftigen Göd kann man doch nicht nein sagen.

Lange hat's genagt in mir, aber ich hab's überwunden. Mit dieser Feldflasche hat er dann bei der Firmung einen Lägerbranntwein mitgenommen, den wir dann beim Nachhausefahren austranken.

Die Freundschaft mit dem Klemens Ließ hat gehalten von Kindheit an bis zum Tode. Unsere besondere Spezialität war im Frühjahr das dürre Unkraut und das Gras auf den Steppen anzuzünden, da streiften wir im Feld herum. Das Hauptbindemittel bei unserer Freundschaft aber war das Bücherlesen. Was wir zwei alles gelesen haben, davon kann sich niemand einen Begriff machen. Wenn mein Freund Klemens einige Tage nichts zu lesen hatte, so wurde er trübsinnig und fing dann immer selber zum Romanschreiben an. Da er nur für Schauerromane war, so fingen seine Geschichten in der Regel immer mit der gleichen Einleitung an: „Es war Nacht, strömender Regen ging nieder, der Sturm heulte und tobte und schlug den Regen klatschend an die Fenster, beim flackernden Schein einer Straßenlaterne sah man einen Trupp Zigeuner daher kommen, usw." Meistens kam ihm dann wieder etwas zum Lesen in die Hand und er ließ das Dichten. Fertiges war ihm lieber.

Zu der Zeit gab's noch nicht Bibliotheken wie heute, bloß der Junggeselle Josef Hammerler hatte eine Leihbibliothek, aber das waren lauter religiöse Erbauungsbücher, die gefielen uns nicht, wir wollten Räubergeschichten. In der Schule war auch eine Kinderbibliothek, aber da bekamen wir in der Woche nur einmal ein Exemplar und da nur der brav war; das war für uns zu wenig, besonders für den Klemens. Einmal war die Ausgabe vor dem Unterricht, er bekam ein Buch mit dem Titel „Der Schulmeister von Tannenrode". Das legte er in das Bankfach und las es während des Unterrichtes aus und dann tauschte er mit den anderen Buben, jeden Tag mit einem andern, bis die Woche um war. Dann kamen die Indianergeschichten, für die alle Buben dazumal begeistert waren. Wir benannten schon alles in der Indianersprache: Hugh, Squaw, Wigwam, Bärenklaue, Bisontöter, Adlerflug, Pfeilspitze und so fort. Dann kamen die Goldsuchergeschichten von Kalifornien. Kalifornien war jetzt unser Ideal! Überhaupt Nordamerika oder Deutschost-Afrika. Wir schrieben an die Konsulate; die Berichte und Auskünfte, die wir bekamen, waren annehmbar – aber das Geld dazu? Nichts wurde draus. Wir wurden dann beide am 11. April 1890 assentiert, ich zum Landwehrinfanterieregiment Nr. 24, er zum 4. Infanterieregiment Hoch- und Deutschmeister, beide als Ersatzreservisten.

Jetzt unterrichtete uns der Oppenauer Andreas, der schon ein Ausgedienter war, im Exerzieren: Habt Acht! Marschieren geradeaus, marsch! Ziehung halb links, geradeaus, halb rechts, geradeaus, kehrt euch, vorwärts Front! Und so fort. Als wir marschieren konnten und die Wendungen machten, dann lernte er uns mit einem alten Besen die Gewehrgriffe. Es sah zwar nicht besonders militärisch aus, aber uns hat's gefallen und das war die Hauptsache. Die nächsten Jahre arbeiteten wir dann, der Ließ und ich, mitsammen im Akkord bei den Bauern, besonders in der Ernte, um Geld zu verdienen. Auf dem letzten Acker hatten wir einen Krach: Er soff den Wein aus und mir hätte er das Wasser zukommen lassen; das verdross mich und ich lief ihm davon. Wir haben dann nichts mehr unternommen mitsammen.

Ich heiratete dann und hatte keine Zeit mehr zum Akkord und zum Auswandern. Er heiratete viel später, hat aber einen Missgriff gemacht. Sein Weib war faul, schlampig und diebisch. Sie hatten eine Tochter, die starb im schulpflichtigen Alter, von da an war er für alles gleichgültig, jedoch waren wir noch immer verbunden. Wir haben einmal vereinbart, und zwar im vollen Ernst, wer früher stirbt, bringt dem andern Kunde aus dem Jenseits. Er starb im August 1933, ich dachte kaum mehr an unsere Vereinbarung, es war nachts, ich hatte im Zimmer zu tun, auf einmal ging die Zimmertür von sich selbst auf, der Herzschlag setzte aus, ich glaubte schon, der Klemens kommt! – aber es war nichts. Er modert schon, und ich schildere sein Leben.

Auch der Tillich Motz war mein Freund während der Schulzeit; er war vom oberen Nachbar, wir waren unzertrennlich in der Schule, aus der Schule. Nach der Schule wurde Verschiedenes unternommen, im Winter auf die Rollbahn, Schlittenfahren, Schneeballwerfen, zu Neujahr Glückwünschen, laut mündlichem Vertrag gleiche Teilung der Trinkgelder. Die Faschingstage von der Ahnl ein Kittel, eine Haube und einen Janker und so in diesem Aufzug als „Faschingsnarr“ Krapfen fechten.

Im Sommer um Futter für Ziegen und Schweine, wenn die Abstreife anfing um Kirschen, meistens dahin, wo es verboten war, aber das haben wir dann immer gebeichtet.

Eine Soldatentruppe haben wir auch gegründet, der Fröschl Josef war Kaiser, der Tillich Motz Zugsführer und ich Korporal. Wir waren auch gleichzeitig die Stellungskommission. Da wurden alle Buben zusammengerufen zur Ziehung, dann mussten

alle nach der Losnummer der Reihe nach vor die Kommission treten und sich der Tauglichkeitsprüfung unterziehen. Ausziehen brauchte sich keiner, bei uns ging's nicht so genau, wer nicht blind oder verkrüppelt war, bei dem hieß es *tauglich*! Wir hatten einen Felberknüppel, mit 1.20 bis 1.30 Meter als Maß; dieses Maß hatte jeder, dann musste jeder stramm stehen, und es wurde ihm mit der Faust in die Kniebeugen gehaut; derjenige, der die zwei Hiebe aushielt ohne einzuknicken, kam zu den Dragonern oder zu den Deutschmeistern, anderes Militär war uns nicht bekannt. Wer die zwei Fausthiebe nicht aushielt, der kam zur Salidetz (soll heißen Sanität), jedoch war alles tauglich bis auf einen, den Zangl Poldl, der hatte einen verkrüppelten Arm den haben wir dann fünf Minuten später in der zweiten Klasse für tauglich befunden. Dann ging's an Exerzieren. Das Exerzierreglement war kurz, Fröschl Josef war Kaiser und der kommandierte: „Habt Acht, rechts schaut, links schaut, kehrt euch, kehrt euch (nicht vorwärts Front), drei Schritte vorwärts, drei Schritte rückwärts, präsentiert, Feuer, bumm!“ Dabei stand der Kaiser etwas erhöht auf einer Hühnerstallleiter vor uns und kommandierte. Auch Übungsmärsche hatten wir; da wurden dann immer diejenigen, die am besten marschieren konnten, befördert. Zum Schluss waren dann schon alle Korporal oder Zugsführer. Hauptmann hatten wir keinen, aber einen Leutnant. Als Spielmann hatten wir einen Hornisten mit einem Posthorn.

Dann kam die Zeit zum Schulaustritt. Mein Freund Tillich kam nach Wien zu einem Fleischhauer in die Lehre und ich sah ihn dann durch sechs Jahre nicht mehr, erst als wir zur Stellung kamen. Er kam zur Stellung und konnte sich sehen lassen! Ein Riesenbursche, ich glaube, der stärkste von allen aus dem Jahrgang, aber schlechte Füße. Er kam dreimal heraus zur Stellung, jedes Mal untauglich.

Als ich eingerückt war, besuchte ich ihn in der Großen Neugasse auf der Wieden; er war Schankbursche; da war er noch gesund. Nächstes Jahr kam er dann zur Erholung heraus mit einer sonderbaren Stimme. „'s Westl ist zerrissen“, sagte er. Er vegetierte noch zwei Jahre weiter, dann starb er tuberkulös im Alter von 29 Jahren.

Auch der Julius Hubalik ist wert, dass ich ihn in diesem Buch verewige. Er war ein Wiener und wurde, da er eine Waise war, bei seinem Onkel Adolf Fiedler erzogen und besuchte durch acht Jahre gleichzeitig mit mir die Schule.

Wir waren trotz unserer Spitzbübereien, die ja alle Buben in sich haben, die besten Schüler; unser Oberlehrer Paul Nothaxberger stellte uns einmal der Klasse vor als Vorzugsschüler, und das hat uns verbunden. Von seinem Onkel wurde er derart streng

gehalten, dass er mich heute noch dauert. Er durfte nicht mit uns Buben herumtollen, war meistens ins Zimmer gesperrt und musste lernen. An Sonntagen musste er stets mit Onkel und Tante spazieren gehen, stets zehn Schritte vor Onkel und Tante, nicht rechts und nicht links. Mir tat er immer Leid, wenn ich ihn sah, denn ich wusste, bei uns wäre er lieber gewesen.

Dieser Fieber Uhrmacher Onkel war ein Quälgeist, der dem lebenslustigen Wiener Buben schon in frühester Jugend das Leben verbitterte. Unser meistes Zusammensein war in der Schule; wir haben uns immer gut verstanden, besonders, wenn wir Schabernack trieben. Tauschgeschäfte haben wir auch abgeschlossen: Er gab mir in der Regel seine Semmel und ich gab ihm mein Hausbrot und Speck. Als wir am 1. April aus der Schule austraten, kam er nach Wien in die Lehre, und ich sah ihn dann lange nicht, jedoch vergessen hab ich ihn nicht.

Im Jahre 1928, im Oktober, war ich als Schöffe beim Kreisgericht in Korneuburg und da fuhr ich täglich nach Wien herein in mein Quartier. Durch Zufall erfuhr ich, dass mein ehemaliger Schulkamerad Julius bei der Firma Habig als Buchhalter angestellt ist. Ich ging hin und ließ ihn durch die Portiersfrau herausrufen. Er kam heraus, wir sahen einander an, ich fand noch einen Zug an ihm und sagte: „Du wirst schon verzeihen, dass ich dich als ehemaliger Schulkollege aufsuche, denn einmal will ich dich noch sehen, bevor wir sterben, kennst mich?" Er: „Naa!"

„Ich bin der Poldl!"

„Ach, du bist es, Na hörst, das freut mich, aber weißt, was mich am besten freut? Dass du zu mir gleich Du gesagt hast! Und noch eins muss ich dir sagen: jetzt kenn ich dich, aber keine Beleidigung, der ehemalige Spitzbub schaut bei dir noch ein wenig heraus."

Von da an blieben wir in Fühlung, er besuchte mich öfters zum Kirtag, einmal mit seiner Frau, er schrieb mir immer aus der

Sommerfrische, so aus Italien, vom Wörther-See, aus Tirol und aus dem Naarntal. Ich besuchte ihn auch öfters in Wien, wo wir einige Male in seinem Schrebergarten auf dem Satzberg waren, woran ich mich noch gerne erinnere, weil es so schön droben war.

Der letzte Besuch, den ich bei ihm machte, war traurig. Ich bekam Nachricht von den Seinen, dass er schwer erkrankt ist und dass er mich wünscht. Ich fuhr hinein, ihn zu besuchen. Er lag im Spital gelähmt, vom Schlag gerührt. Ich begrüßte ihn, er weinte, mir war das Herz schwer. Kurze Zeit darauf starb er.

Vor kurzem ist einer meiner ältesten Freunde gestorben: der Fröschl Josef. Das war der, der damals bei der Firmung auf der Alten Donau ins Wasser fiel und den wir patschnass herauszogen; und der beim Soldatenspielen immer der Kaiser war. Wir waren von jeher an Sonntagen und an den Winterabenden beim Ofen immer beisammen, er hielt etwas auf Wärme, er saß nicht nur beim Ofen, sondern auch auf demselben, wenn die Herdplatte nicht mehr zu heiß war, und da war's nicht nur gemütlich und unterhaltlich, sondern eine Hetz! Wir haben uns gut verstanden und gut vertragen, sagten einander kernige Wahrheiten, und jeder nahm's ruhig hin, ohne sich zu beleidigen; wir hatten im ganzen Leben nicht eine Sekunde Verdruss und das will was heißen. Er war sein Leben lang ein ordnungsliebender, fleißiger, sparsamer Mensch, etwas zu sparsam.

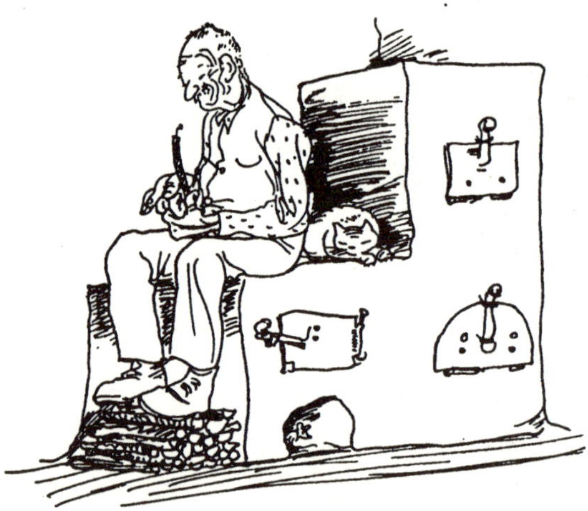

Er bekam von seinen Eltern 100.000 Kronen gutes Friedensgeld als Erbteil, dies ließ er in der Sparkasse liegen und es wurde durch die Inflation entwertet. Vor einigen Jahren behob er es und bekam noch zehn Schilling zurück. Es ging ihm wie vielen anderen, doch er hatte eine Wirtschaft und so konnte er es überwinden. Sein ganzes Leben hat er keinen Doktor und keinen Apotheker in Anspruch genommen. Ende November musste er sich infolge einer Verkühlung ins Bett legen, bekam Lungenentzündung und starb Samstag, den 27. November 1937, abends, im Alter von 71 Jahren. Ich besuchte ihn täglich an seinem Krankenlager. Mittwoch fragte ich ihn noch: „Wie geht's dir heut?"

Sagte er: „Ich meine, aus wird's."

Er war aber gut gelaunt, und ich nahm es für Jux und sagte: „Du wirst doch nicht von deinen 300 Eimern Wein davongehen?"

Er: „Was soll ich machen damit?"

Sagte ich: „So dämpf wenigstens das Fegefeuer ab damit, dass du einen kühlen Platz hast!" Er lachte und meinte: „Jo, wonn ma nur wissen tat, wo dös ist!" Unsere alten Witze waren wieder im Zuge. Nächsten Tag hatte er schon Fieberwahn, er redete irre, Freitag packte es ihn schon mit Gewalt, er redete kaum mehr etwas, das letzte Wort, das er zu mir sagte, als ich wegging, war: „Gehst schon?" Am nächsten Tag verschied er.

Ich habe diesem Sterben zugeschaut und meine, dass es gar nicht so hart ist, ich habe gar nichts gehört, dass er lamentiert hätte. Ich habe schon öfters gehört, das Sterben ist leicht, aber das Zurichten ist schwer.

Ein alter Brauch ist die Totenwache, da kommen die Bekannten und Verwandten im Trauerhaus zusammen, um zu beten; auch bei meinem Freund war es der Fall. Es wurde ein Rosenkranz gebetet und dann eine Sterbelitanei. Es ist etwas Selbstverständliches und Erbauliches, für Dahingegangene zu beten, aber alles, was passt. Eine Frau betete die Litanei vor: „Heiliger Abraham, heiliger David, errette ihn aus den Klauen des Teufels!" Ich konnte mich nicht mehr sammeln, das hatte ich noch nicht gehört! Ich kannte meinen Freund, wenn der das gehört hätte! Ich sagte nachträglich zu dieser Vorbeterin: „Wie magst du nur so etwas vorbeten? Der Abraham und der David sind doch keine Heiligen, das sind doch Juden!"[42] Sagte sie: „Wieso? Steht's doch im Betbüchl drin, so müssen's doch heulig sein." Und richtig, ich sah im Heiligenkalender nach, ganz verschämt steht der David darin, ganz hinten am 30. Dezember. Noch immer weiß man nicht alles. Schließlich war es in der guten Meinung geschehen, dem Verstorbenen einen frommen Dienst zu erweisen. Nur mir gefiel solches Gebet nicht, ich bin schon so einer.

Da ich schon bei der Totenwache bin, so will ich erwähnen, wie es in den umliegenden Ortschaften bei einem Totenmahl ist. Nach dem Begräbnis werden Verwandte und Bekannte gut bewirtet, nach dem Essen, das ziemlich reichlich ist, wird dann gemeinsam gebetet. Ganz zum Schluss ein Vaterunser für den Nächstfolgenden von den Anwesenden.

Es war in Ameis, beim Neumann, ich war auch beim Totenmahl. Nach dem Mahl wurde gebetet, der Totengräber fungierte als Vorbeter. Er hatte schon hübsch schwer und lehnte sich deshalb fest an den Türpfosten, um sicher zu sein. Er hatte einen martialischen Schnurrbart, den er während des Betens immerfort drehte, und zwar bis in die äußerste Spitze hinaus. Sei es, dass der Kopf immer schwerer wurde – ich sah ihm zu, er war meine Andacht –, und ich bemerkte, dass er bei dem großen Schnurrbart öfters daneben griff. Sonst hat er das Dutzend Vaterunser in der Ordnung vorgesagt.

Vor einigen Jahren war ich in Prinzendorf beim Besau-Vetter beim Begräbnis. Da gab's ebenfalls ein Totenmahl, dabei war es sehr gemütlich und unterhaltlich. Sagte ich: „Bei euch ist's ja sehr unterhaltlich bei dem Trauerfall." „Ja", sagten einige, „da sind bei manchem Totenmahl die Trauergäste bis Mitternacht beisammen, da wird gekuppelt und manchmal gleich eine frische Heirat zusammengestellt." Oft ist's auch schon vorgekommen, dass wegen der Erbschaft Streit entstand und zum Ende gerauft wurde. Zum Schluss, wenn der Streit und die Rauferei vorbei war, wurde gemeinsam gebetet.

Zum Schluss dann auch in Prinzendorf einen Vaterunser für den Nächstfolgenden.

Und nun noch einen: den Fröschl Karl. Wir waren auch von Kindheit an Freunde bis zum heutigen Tag. Er war der Bruder von dem vorher geschilderten Josef Fröschl und auch immer für eine Hetz. Hunderte Male waren wir beisammen in Küche, Stall und Schusterwerkstätte, immer bei guter Laune. Dichten hat er auch probiert; er hat zwar nichts Besonderes zusammengedichtet, aber gereimt hat sich's und das war für ihn die Hauptsache. Als wir einmal am Vortag von Allerheiligen um 10 Uhr aus der Schusterwerkstätte weggingen, fiel Schnee. Sagte ich: „Allerheiligen im Schnee." Er drauf: „Gibt's Läus und Flöh", und er lachte vor Vergnügen, weil das so gut darauf passte. Ich sagte: „Das hat doch keinen Sinn!" Er meinte: „Dummer Kerl, schöner kann's doch gar nicht passen." Ich ließ ihm die Freude, er hätte sich's ohnehin nicht nehmen lassen.

Und so war's öfter. Unsere Spezialität war, am Jahrmarkt Juden foppen[43)], um dann wochenlang Lachstoff zu haben. Diese drei Letztgenannten waren von Kindheit auf Freunde bis zum heutigen Tage, ohne jemals einen ernstlichen Verdruss zu haben, und solche Menschen darf man Freunde nennen.

Zu diesen zwei Fröschl war der Nachbarssohn Josef Fröschl ein Geschwisterkind. Er litt an Verfolgungswahn und bildete sich ein, die Nachbarburschen wollen ihn mit einer Elektrisiermaschine umbringen; man konnte es ihm nicht ausreden, er sah es durch die Mauer, wie sie mit der Maschine nach seinem Herzen zielten. Täglich wusch er mit einem Schaff Wasser die modrigen Lehmmauern ab, um den elektrischen Strom unschädlich zu machen. Ein anderes Mal sah er sie wieder beim Fenster mit dem Gewehr hereinzielen, um ihn zu erschießen, da kroch er mit seinen alten Eltern hinter den Tisch, damit sie nicht treffen, und die Alten glaubten ihm und hockten mit ihm die ganze Nacht hinter dem Tisch. Seiner Schwester schrieb er nach Wien: „Ich bin nimmer sicher, sie haben mich umbringen gewöllt, komm oder es geschieht was!"

Die Sache wurde gefährlich mit ihm; ich zeigte es an. Der Arzt untersuchte ihn: Verfolgungswahn! Die Gemeinde fertigte die Dokumente aus, und ich wurde beauftragt, ihn nach Kierling zu bringen. Die Sache war nicht so einfach, er wollte nicht fort! Mit Gewalt, das ist nichts; ich griff zur List.

Ich sagte ihm, dass seine Verfolger, die ihm nach dem Leben trachten, beim Landesgericht in Wien abgeurteilt werden, und wir zwei Zeugenschaft geben müssten. Vom Gemeindesekretär ließ ich mir eine Vorladung schreiben, die zeigte ich ihm, und das half: er ging mit mir. Als wir in Wien ankamen, wusste ich nicht recht Bescheid; wir wollten noch zu seiner Schwester fahren in die Siegmundgasse 3. Er sagte: „Wir müssen mit dem 13er-Wagen über die Pilgrambrücke." Er wusste es genau. In der Siebensterngasse stiegen wir aus, und er führte mich richtig und sicher zu seiner Schwester. Der Narr hat den Gescheiten geführt. Wir fuhren dann alle drei nach Klosterneuburg, nahmen einen Einspänner, setzten ihn zwischen uns und fuhren nach Kierling. Er wollte nimmer. „Wo fahren wir denn hin?" „Zu der Mali", sagte seine Schwester. Er: „Was geht denn mi die Mali an, i muss zum Gericht."

Als wir bei der Anstalt ankamen, stiegen wir aus und seine Schwester sagte: „Ich hole den Verwalter!" Da wurde er zornig: „No fix, wos brauch denn i an Vawolta?" Wir beide standen am Gang, der Verwalter kam heraus, musterte uns beide und sagte: „Der welche ist da der Kranke?" Ich machte einen Deuter, dachte mir aber momentan, wenn der die Geschicht verstünde und hätte jetzt auf mich gezeigt, so bekäme ich die Zwangsjacke. Zwei Wärter nahmen ihn in Empfang, führten ihn in einen Raum und entkleideten ihn. Jetzt begriff er. Der Mensch hatte eine Wut und eine Verachtung über uns, er würdigte uns keines Blickes. Mir tat er leid, ich selbst kam mir vor wie ein Verbrecher, seine Schwester weinte herzzerbrechend; wie mir diesen Tag zumute war, kann ich nicht schildern. In der Nacht träumte ich, dass mein Schützling in Kierling gestorben ist, und sämtliche Narren standen beim Grab und lachten so irrsinnig hinein. Es war ein entsetzliches Traumbild.

In einigen Wochen schrieb er mir einen Brief: „Weil Du mich hereingebracht hast, so schau, dass Du mich wieder hinausbringst, sonst wird' ich noch ein Narr." Ich besuchte ihn dann zu Ostern; er war schon etwas besser gestimmt; ich versprach ihm, ihn herauszunehmen und habe ihn wieder belogen. Ich selbst habe die größte Wut über Leute, die mich belügen.

Als ich diesen Tag zu Besuch kam, waren die Kranken alle in einem Gemeinschaftszimmer versammelt. Einer lachte her auf mich und kam mir auch schon entgegen. Er nahm mich bei der Hand und wünschte mir ein glückliches Neues Jahr, dann legte er mir die sieben Bitten des Vaterunser aus, erklärte mir, dass es keine Hölle gibt, dass Christus kein Gott war, sondern ein Reformator und führte mich dann zu einer dicken Frau, die stellte er mir vor: „Meine Schwiegertochter, wos, dös war a Bröckerl auf d' Jause zum Onogn."*)

Ein Geisteskranker ging immer um mich herum; als ich eine Weile allein stand, zupfte er mich am Ärmel und sagte: „Sie sind von Poysdorf. Sind's doch so gut und gehen's hinauf nach Zlabern und sagen's zu meine Schwestern, sie sollen mich hinausnehmen und sollen auf mich aufschauen, ich heiße Christenheit." Ich fragte ihn, warum er herinnen ist. „Ach Gott, wegen einer Dummheit, *den Bürgermeister hob ich in den Boch g'schmissen!*" Ich versprach es ihm, hab ihn auch angelogen; Kinder und Narren lügt man an – wir sind schon die Richtigen!

Meinem Schützling Josef Fröschl hab ich auch versprochen, dass ich ihn herausnehme. Das war auch erlogen; ich ließ ihn. Bis er gesund war, nach vier Monaten, kam er allein nach Haus. Er fügte sich wieder ein, doch wurde er später wieder rückfällig, ging in die Donau, wurde bei Theben angeschwemmt und dortselbst auch begraben.

*) Onogn = Abnagen

Mein siebzigster Geburtstag
22. 12. 1937

Ja, heute früh um 1 Uhr bin ich ins Greisenalter eingetreten, haben den achten Zehner wechseln lassen. Und weiters heißt es: Das Zeichen ist der Krebs! Ein schlechtes Zeichen, wird so mancher Sterngucker sagen. Wahr ist's nicht, ich bin vorwärts gegangen, wirtschaftlich vom Taglöhner zum selbstständigen Weinhauer, geistig immer vorwärts und aufwärts. Meine Mutter und auch meine Frau sagten freilich öfter: „Du wirst eh no a gonza Norr", wenn ich ausgerechnet habe, wie viel Kilometer der Mond in der Sekunde durch den Raum sausen muss, damit er in 28 Tagen wieder am selben Punkt steht. Und körperlich, da war ich immer mit dem Oberkörper voraus. Wie oft, wenn ich in Gedanken vertieft ging, musste ich hören: „No, Poldl, du bist jo mit'n Schädel schon draußt im Weingart' und mit' Orsch bist noch dahoam." Also immer vorwärts und niemals ein Rückschrittler.

Einmal besuchte ich in Wien einen Bekannten, der war aber nicht zu Haus, so ließ ich ihm beim Gangnachbar einen Gruß zurück; der übermittelte ihm den Gruß, hatte aber meinen Namen vergessen. So sagte mein Bekannter: „Wie hat er denn ausgeschaut?" „No, so vorwärts ganga is er." „Ach dös is der Berndl Pold gwest."

Als ich heute wach wurde und mir mein Siebziger einfiel, da dachte ich zurück, wie ich mich noch bei der Mutter an der Kittelfalte angehalten habe und an alles, was dazwischen lag. Mir war's, wie wenn ich auf einem hohen Berg stehen würde und in eine weite Ebene zurückschauen täte. Ich ließ alles an meinem Geiste vorüberziehen, die Kindheit, die Schulzeit, die Jünglingsjahre, das kurze Soldatenleben, die Brautsuche, die Heirat und dann der Ehestand mit seinem heiteren und auch trübem Himmel, die guten und die schlechten Jahre, der Tod meiner Frau und der Tochter – ein nochmaliges Durchleben dieser siebzig Jahre. Noch niemals im Leben hab ich mein Leben so gründlich durchdacht wie heute Nacht. Da ist mir so viel eingefallen, dass ich noch ein zweites Buch schreiben müsste. Bei diesem Überblick bin ich zu der Überzeugung gekommen, dass die Welt und das Leben schön ist, unschön machen es nur die Menschen einander. Die goldene Kinderzeit, und wie herrlich und schön ist es, in die Schule gehen! Dann, „wonn der Bui a Mensch hot", wenn er Soldat wird, wenn er die Seinige heimführt, um zweispännig durchs Leben zu fahren, wenn er dann Glück hat in der Wirtschaft, einen Keller voll Wein, wenn er Weinhauer ist, Kinder hat, die dann fleißig helfen, und dann den Siebziger erlebt und noch gesund ist und zufrieden dazu – das ist bestimmt schön!

Jedoch über eins hab ich mir oft schon mein Hirn zermartert: Wozu ist eigentlich diese Welt und dieses Leben? Um sich für die ewige Seligkeit vorzubereiten, sagen die einen, die Weisheit der Natur mit ihrem Streben und Gestalten zur Vollkommenheit, sagen die anderen. Und was dann, wenn die Vollkommenheit erreicht ist? Das wissen sie halt auch nicht. Einmal fragte ich einen: „Was glaubst du, wozu das alles ist?" Der schupfte die Achseln und meinte: „Wos konn ma denn do sogn, 's wird schon wos sein." Da war ich dann weiter nimmer neugierig.

Wenn man ein Siebziger ist, denkt man selbstverständlich ans Sterben, und zwar alle Tage, aber Angst wie in der Jugend hat man nicht. Denn erstens ist es etwas Selbstverständliches, zweitens ist es ja nicht mehr, wenn der Geist den Leib verlässt, wie wenn man einen alten Rock auszieht und ihn weglegt. Denn für den Geist kann es nur eine Wohltat sein, wenn er bei diesem Hausherrn, Leib, ausziehen kann, denn im ganzen Leben musste er sich anstrengen, wie die Mittel aufzutreiben sind, die sein

Hausherr aufbraucht. Essen, Trinken, Kleidung, Vergnügen und vieles andere Erlaubte und Unerlaubte, das hat alles der Geist auszudenken, wie der dem Körper seine Wünsche erfüllt und wie alles gedeckt wird. Darum wird er gern ausziehen.

Mit siebzig denkt man auch an alles, was man vom Jenseits gehört und gelesen hat. Wenn man schon nahe dran ist, abzutreten, so wird mir das niemand verargen, wenn ich darüber meine Meinung sage. Bei uns im Katholischen wird mit Feuer gestraft, bei Dante mit 200 Grad Kälte, bei Buddhisten und Schamanen mit Hacke und Säge, entweder viergradig zugehackt oder mit der Säge in zwei Längsteile geschnitten. Bei Mohammed bekommt der Böse ein Schock bissige Haremsweiber, das kann auch was sein, ein ganzes Schock auf ewig! – Jetzt wäre ich bald aus meiner Geburtstagsstimmung herausgekommen, die will ich mir nicht verderben. Am Morgen gratulierte mir schon der Herr Oberlehrer Thiel[44)] und verehrte mir eine Schachtel Zigaretten. Herr Alfred Wolf gratulierte mir ebenfalls mit einer Schachtel Zigaretten. Weiters wurde mir von unzähligen Freunden und Bekannten Glück gewünscht, eine solch große Menge Glück, ich glaube, ich könnte kilometerweit darin schwimmen. *Ja, wenn man siebzig ist!*

Zum Schluss kam ich erst darauf, dass dies schon der 71. Geburtstag ist, denn zuerst ist die Geburt und dann kommt erst das Jahr.

Mich freut's, dass ich den Siebziger in voller Gesundheit erlebt habe, der Leib ist zwar schon etwas gebrochen und neigt schon etwas nach vorne, aber der Geist ist noch ziemlich frisch. Bei besseren Leuten heißt es: „Eine seltene Geistesfrische!"

Eins noch: Meine Schwester ist jetzt gerade 80 Jahre alt. Wenn ich das erreiche, schreib' ich noch ein Buch.

So, jetzt hab ich meinen 70. geschildert, mache nun Schluss und geh in den Keller.

Anmerkungen

1) Strobl, Karl Hans, * 1877 in Iglau (Jihlava), † 1946 in Perchtoldsdorf, war Schriftsteller und Jurist. Bis 1913 im Staatsdienst in Iglau und Brünn tätig, arbeitete er danach als Zeitschriftenredakteur in Leipzig. Im 1. Weltkrieg war er Frontberichterstatter. 1938 wurde er Landesleiter der Reichsschrifttumskammer Wien. Neben phantastischen und humoristischen Dichtungen verfasste er zahlreiche deutschnationale Studenten- und historische Romane. (Vgl.: Schmatz, F.: „K. H. Strobls Bismarcktrilogie. Zur völkisch-nationalen und nationalsozialistischen Literatur in Österreich", Dissertation, Wien 1982)

   Das „Geleitwort" Strobls muss auf dem Hintergrund seiner Entstehungszeit – die „Aufzeichnungen des Weinhauers Berndl Poldl" erschienen 1939 im Adolf Luser Verlag, Wien u. Leipzig – und der prononcierten politischen Position seines Verfassers gesehen werden; aus heutiger Sicht ist es in mehrfacher Hinsicht überholt, an manchen Punkten stellt es ein für die damalige Zeit typisches Produkt politischer und menschlicher Verblendung dar, die zu dem bekannten Ergebnis eines der dunkelsten Kapitel deutscher und österreichischer Geschichte führte. Entsprechende Abschnitte wurden in dieser Ausgabe weggelassen und durch ... gekennzeichnet. Da aber Strobl Berndl persönlich kannte und im Geleitwort seinen Eindruck von diesem Poysdorfer Weinhauer wiedergibt, wurde es doch dem Text Berndls vorangestellt.

2) In der Periode der nationalsozialistischen Herrschaft Bezeichnung für Niederösterreich, mit im Vergleich zu heute geänderter Ausdehnung.

3) Eisgrub (Lednice) war bis zur Enteignung 1945 ein beliebter Sitz der Fürsten von Liechtenstein, die hier ein prachtvolles Schloss im Stil der Tudor-Gotik errichteten.

4) Feldsberg (Valtice) war bis 1945 Mittelpunkt der Liechtensteinschen Guts- und Forstverwaltung. Das Schloss stammt aus dem 17./18. Jhdt..

5) Leutgeb = „Ein nur im Oberdeutschen üblicher Ausdruck, einen Schenkwirt zu bezeichnen, der den Leuten das nötige Getränk für das Geld gibt." (Adelung, Johann Christoph: „Grammatisch-kritisches Wörterbuch der Hochdeutschen Mundart", II, 2041, Hildesheim-Zürich-New York, ^{2}1990

6) In der Zeit des Nationalsozialismus Bezeichnung für den „Ständestaat" in Österreich.

7) Florian Berndl (* 10. 5. 1856 in Großhaselbach, † 30. 11. 1934 in Wien), Sohn eines Schneiders und einer Hebamme, eignete sich von seiner Mutter, die auch als Dorfbaderin tätig war, den Umgang mit Heilkräutern an. Diese Kenntnisse vertiefte er als Sanitäter im Militärdienst und als Pfleger im Allgemeinen Krankenhaus in Wien. 1900 pachtete er bei Kaisermühlen um jährlich 15 Gulden eine bewaldete Insel in der Alten Donau, den „Gänsehaufen". Hier begann er seine Vorstellungen vom „natürlichen Leben" zu praktizieren, indem er Wasser-, Sonnen-, Freiluft-, Heu- und Sandbäder anbot. 1905 eröffnete er den Badebetrieb. Konflikte mit der Schulmedizin und konservativen Kräften, die das gemeinsame Baden von Frauen und Männern ablehnten, führten zum Entzug der Konzession für die von Berndl geführte Kantine und zur Lösung des Pachtvertrages. 1913 wurde Berndl delogiert. Mit seinem Versuch, den Bisamberg zu einem Kurort für ärmere Bevölkerungsschichten zu machen, hatte er nur wenig Erfolg. – Vgl.: Denscher Barbara: „Florian Berndl – Alternatives Leben an der Donau", in: Ehalt, H. Ch. / Chobot, M. / Fischer, G.: „Das Wiener Donaubuch", 1987

8) Trenčin (deutsch Trentschin, ungarisch Trencsén), Stadt in der heutigen Westslowakei, heute Hauptstand des Trentschiner Landschaftsverbandes und des Bezirks Okres Trenčin. – Komitat ist die Bezeichnung für einen ungarischen Verwaltungsbezirk.

9) „Karrnerleut": nicht sesshafter (mit Karren umherfahrender und verschiedene Arbeiten verrichtender) Bewohner des Vinschgaues und des Oberinntals.

10) 1605 trafen die ersten „Barmherzigen Brüder" in Feldsberg ein. 1746 errichteten sie ein „Professoriat und Unterricht für Chirurgie und Krankenpflege", das 1854 eingestellt wurde. 1894 wurde ein neu erbautes Krankenhaus eröffnet.

11) Zeltel = Zuckerl. Es handelt sich um so genannte „Husten-Zuckerl".

12) Sowohl Krenn als auch Oberlehrer Nothaxberger, der laut Aussage Berndls auf ihn großen Einfluss hatte (vgl. Seite 33), standen der deutschnationalen Bewegung (vgl. Anm. 14) nahe. „Das deutschnationale Lager wurde weniger von den politischen Parteien als von den Vereinen getragen. ... die auf lokaler Ebene einflussreichen Turn- und Gesangsvereine, ..." (Hanisch, Ernst: „Der lange Schatten des Staates. Österreichische Gesellschaftsgeschichte im 20. Jahrhundert", 146, Wien 2005).

13) Hadschi Loja, 1878-80 Anführer bosnischer Moslems gegen die Besetzung Bosniens u. der Herzegowina durch österreichisch-ungarische Truppen.

14) Das deutschnationale Lager war in verschiedene Richtungen aufgesplittert, die aber idente Anliegen hatten: „Betonung des Deutschtums, das gegen Juden und gegen Demokraten gleicherweise verteidigt werden müsse; Abwehr des Marxismus, als dessen Helfershelfer ebenfalls alle Arten von Demokraten und natürlich auch die Juden anzusehen seien." (Portisch, Hugo: „Österreich I. Die unterschätzte Republik", Wien 1989, 93). 1920 kam es zum Zusammenschluss in der Großdeutschen Volkspartei, die als Hauptforderung den Anschluss Österreichs an das Deutsche Reich vertrat. Nach der 1933 erfolgten Bildung einer Kampfgemeinschaft mit den Nationalsozialisten wurde sie 1934 verboten und aufgelöst. – Die „deutsch" gesinnten Bauern bildeten 1922 den „Landbund". – Die Fraktion um Georg (von) Schönerer (1842-1921) vertrat einen radikalen Antisemitismus und Antiklerikalismus. „Dem katholischen Weltdeutungsmodell auf dem Land" wurde ein „wissenschaftliches Weltdeutungsmodell" entgegengesetzt. „Die alltäglichen Reibereien zwischen Pfarrer und Lehrer um die soziale Geltung im Dorf verstärkten die Dauerkonkurrenz." (Hanisch: „Schatten" 121f; 145f [vgl. Anm. 12])

Die damals aktuellen politischen Themen Deutschtum, Antiklerikalismus, Antisemitismus und „wissenschaftliches Weltdeutungsmodell" finden sich an verschiedenen Stellen in den Aufzeichnungen Berndls.

15) Weingartenhüter unterlagen lange Zeit strengen Vorschriften, vgl. z. B.: Schwarzmann, Franz Karl: „Recht, Alltag und Wirtschaft im 16. Jahrhundert nach Bann- und Bergtaiding von Langenzersdorf", Gösing 2006.

16) = Messfeier

17) Tomás de Torquemada (1420-1498), Prior des Dominikanerklosters Santa Cruz in Segovia, wurde 1484 durch Papst Sixtus IV. auf Drängen der Königin Isabella I. und des Königs Ferdinand II. Großinquisitor für ganz Spanien.

18) Als „Vormärz" bezeichnet man die Epoche zwischen Wiener Kongress (1815) und Märzrevolution 1848, im politischen Bereich gekennzeichnet durch äußeren Frieden bei gleichzeitiger, durch Unterdrückung aller nationalen und liberalen Bewegungen gewaltsam erzwungenen inneren Ruhe („Metternichsches System"). Im literarischen Bereich kann man bei dem Begriff „Vormärz" zwischen Biedermeier (unpolitische Dichtung, „Musenalmanache") und Jungem Deutschland (Auseinandersetzung mit politisch-sozialer Realität) unterscheiden.

19) Zu antisemitischen Äußerungen vgl. oben Anmerkung 14.

20) Im Zuge der nationalsozialistischen Machtergreifung kam es auch zur „Säuberung“ des Buchbestandes von Bibliotheken. „In einem internen Schreiben wurde bereits am 10. Mai 1933 festgestellt: ‚Die städtische Schulbehörde [...] ordnet Reinigung von Lehrer- und Schülerbüchereien von kulturfeindlichen und marxistischen Büchern an.‘ Dies hatte zur Folge, dass im ersten Schritt parallel zur Bücherverbrennung am 10. Mai 1933 alle ‚undeutschen‘ Bücher entfernt wurden.“ (Ortmeyer, Benjamin: „Schulzeit unterm Hitlerbild. Analysen, Berichte, Dokumente“, Frankfurt/Main 1996, 64. Die Zitate sind dort auch belegt.) In der Pfarrchronik des nö. Ortes Großriedenthal heißt es unter dem 12. Mai 1939: „Die Bücher der hiesigen Filiale der Volkslesehalle wurden abgeholt“ und nach „staatsfeindlicher Literatur durchforstet.“ (Schober, Franz u. Lepold: „Briefe von der Front“, Gösing 1997, 292).

21) Migazzi, Christoph Anton Graf, (1714-1803), war ab 1756 Koadjutor von Waitzen (Ungarn) und ab 1757 Erzbischof der Erzdiözese Wien. 1758 gründete er das Wiener Priesterseminar; 1761 wurde er zum Kardinal ernannt. Er bekämpfte die Eingriffe Kaiser Joseph II. in die kirchlichen Angelegenheiten. 1785 verfügte Joseph II. für jeden, der zwei Benefizien hatte, dass er sich innerhalb eines Monats für eines der beiden entscheiden müsse; Migazzi musste nachgeben und legte die Administration des ungarischen Bistums zurück. (Loidl, Franz: „Geschichte des Erzbistums Wien“, Wien-München 1983, 142f)

22) Nach mesopotamischem Recht konnte eine unfruchtbare Frau ihrem Mann eine Magd zur Frau geben und die aus dieser Verbindung geborenen Kinder als die ihren anerkennen. – Berndl beurteilt hier und an den folgenden Stellen historische Fakten auf unzulässige Art von seiner eigenen aktuellen Gegenwart her.

23) Zu antisemitischen Äußerungen vgl. oben Anmerkung 14.

24) Berndl unterschlägt, dass laut Altem Testament Juda nicht wusste, dass es sich bei dieser Frau um seine Schwiegertochter handelte. Vgl. außerdem Gen 38, 26: „Juda ... gab zu: Sie ist mir gegenüber im Recht, weil ich sie meinem Sohn Schela nicht zur Frau gegeben habe. Später verkehrte er mit ihr nicht mehr.“

25) Allioli, Joseph Franz von (1793-1873), kath. Theologe, veröffentlichte zwischen 1830 und 1834 in sechs Bänden die erste deutschsprachige Bibelübersetzung mit päpstlicher Druckerlaubnis; sie war bis Mitte des 20. Jhdts. die verbreitetste kath. Bibelübersetzung im deutschsprachigen Raum.

26) Zu antisemitischen Äußerungen vgl. oben Anmerkung 14.

27) Vgl. Anmerkung 22.

28) Berndl vermischt hier antikirchliche und antisemitische Einstellungen. In Punkt 24 des Programms der NSDAP (24. Februar 1924) heißt es: „Die Partei als solche vertritt den Standpunkt eines positiven Christentums ... Sie bekämpft den jüdisch-materialistischen Geist in und außer uns ...“ (Denzler, Georg / Fabricius, Volker: „Christen und Nationalsozialisten. Darstellung und Dokumente“, Frankfurt/Main 1993, 249). Deutlicher wird Hitler in einem Gespräch mit Rauschning: „Für unser Volk ist es entscheidend, ob sie den jüdischen Christenglauben und seine weichliche Mitleidsmoral haben oder einen starken, heldenhaften Glauben an Gott in der Natur, an Gott im eigenen Volke, an Gott im eigenen Schicksal, im eigenen Blute. ... Eine deutsche Kirche, ein deutsches Christentum ist Krampf. Man ist entweder Christ oder Deutscher. Beides kann man nicht sein.“ (Rauschning, H.: „Gespräche mit Hitler“, Zürich 1940, 50ff; zit. bei Denzler / Fabricius: „Christen und Nationalsozialisten“, 18)

29) 1 Wiener Metzen war 61,5 Liter. (Trapp, Wolfgang: „Kleines Handbuch der Maßen, Zahlen, Gewichte und der Zeitrechnung“, Köln 1998, 236)

30) Zu antisemitischen Äußerungen vgl. Anmerkung 14.

31) Vgl. Anmerkung 14.

32) Vgl. Anmerkung 14.

33) Berndl meint hier Schillers Ballade „Die Glocke“.

34) Vgl. Rieß Anton: „Die Wallfahrtskirche Maria Bründl in Niederösterreich“

35) „Seitdem das kaiserliche Jagdgebiet 1766 größtenteils der Öffentlichkeit zugänglich gemacht worden war, hatte sich der Prater zu einem bei allen gesellschaftlichen Schichten beliebten Freizeitgelände entwickelt, in dem sich zahlreiche Gastronomiebetriebe und Vergnügungsetablissements unterschiedlichen Niveaus ansiedelten. Waren Afrikaner ursprünglich nur als Bestandteil von Hüttennamen vertreten (so hieß Bude Nr. 45 ‚Beim Mohren König‘ oder ein Teil der Parzelle Nr. 68 ‚Zu den drey Mohren‘), so wurde es in den Praterbuden seit dem Ende des 19. Jhds. zunehmend Mode, sich über Agenturen auch ‚echte Neger‘ für Schaustellungen oder sonstige Zwecke zu besorgen. 1890 beispielsweise ließ ein Impresario Klein neben seiner Zwergenshow auch einen ‚Feuerfresser‘ und ‚einen Neger und ähnliche Attraktionen auftreten.“ (Sauer, Walter [Hg.]: „Das afrikanische Wien. Ein Führer zu Bieber, Malangatana, Soliman“, Wien

1996, 134) „Diese ‚Menschenschauen‘ [waren] durch rassistische Inszenierungen und die Betonung des ‚Primitiven‘ im Afrikanischen/Asiatischen gekennzeichnet ... Die Asante-Schaustellung von 1896/97 regte Peter Altenberg zu seinem Buch „Ashantee“ an ... Altenberg stellt dabei einem dekadenten Wiener Bürgertum das Ideal eines freien, natürlichen und einfachen Lebens gegenüber.“ (ebd. 135f)

Ein Artikel in „Neues Wiener Journal“ vom 7. September 1929 berichtet über die „Senegalnegerkolonie im Prater“ folgendermaßen: „Schon von ferne vernimmt man das laute, unartikulierte Geschrei der Wüstensöhne. In dem kleinen Negerdorf, das sich vor einigen Tagen im Prater häuslich eingerichtet hat, wurde das Kriegsbeil ausgegraben. Alle schwarzen Krieger und Priester, die da aus Afrika über Paris nach Wien gekommen sind, um auch hier mit ihrer unkultivierten Lebensart Lachstürme unter den Zuschauern zu entfesseln, fuchteln aufgeregt mit Händen und Beinen in der Luft herum. ... Von der abendländischen Kultur ganz unberührt sind diese einfachen Menschen mitten im Herzen Afrikas aufgewachsen, bis sich ein unternehmungslustiger Manager dazu entschlossen hat, sie in seine Heimat zu bringen, um die Zirkusprogramme um eine Schlagernummer zu bereichern. Sie sind wirklich drollig und amüsant ...“ – Die Schilderung Berndls hebt sich von diesem stark rassistisch geprägten Bericht wohltuend ab. – Zum Thema vgl. auch Schwarz, Werner Michael: „Anthropologische Spektakel“, Wien 2001.

36) Berndl verwechselt hier den Derwisch (Angehöriger eines religiösen islamischen Ordens) mit dem Imam, dem Leiter des rituellen Gebets.

37) Papst Innozenz VIII., Giovanni Battista Cibo (*1432), hatte aus der Zeit vor seinem Eintritt in den geistlichen Stand mehrere illegitime Kinder, die durch Heirat in italienische Fürstenhäuser entsprechend versorgt wurden. 1484 wurde er auf simonistische Weise Papst. Im selben Jahr erließ er eine Hexenbulle, die dem 1487 veröffentlichten „Hexenhammer“ der beiden Dominikanermönche Heinrich Krämer und Jacob Sprenger als Vorwort diente. (Beck, Hans-Georg u. a.: „Handbuch der Kirchengeschichte“ Band III/2, Freiburg i. Br. 1985, 657ff; Kühner, Hans: „Lexikon der Päpste. Von Petrus bis Johannes XXIII.“, Frankfurt/Main 1960, 104f)

38) Bosel, Siegmund (1893-1945), arbeitete sich im 1. Weltkrieg zum größten österreichischen Heereslieferanten hoch. Nach 1918 begann er mit seiner Import-Export-Firma „Omnia“ eine neuerliche Karriere; gewagte Börsenspekulationen brachten ihm Riesengewinne. 1922 errichtete er ein

eigenes Bankhaus, 1923 übernahm er die Union-Bank. Aufgrund von Fehlspekulationen verlor er ab 1925 fast seinen gesamten Besitz.

39) Castiglioni, Camillo (1879-1957), während des 1. Weltkrieges Direktor der österreichisch-amerikanischen Gummiwarenfabrik Semperit, gelangte durch Spekulationen zu großem Reichtum. 1921 erwarb er die Mehrheit der Aktien der Alpine-Montan AG. Castiglioni begründete die Österreichische Luftfahrzeuggesellschaft und betätigte sich als Kunstmäzen.

40) Zu Karl Hans Strobl vgl. Anmerkung 1.

41) Am 2. Mai 1933 wurden die bisherigen Gewerkschaften entmachtet und in der „Deutschen Arbeitsfront" (DAF) zusammengeschlossen; eine Unterorganisation war die zuerst als „Nach der Arbeit" bezeichnete Einrichtung „Kraft durch Freude" (KdF), mit der „die DAF in der Folgezeit eine besonders auffällige und propagandistisch wirksame Tätigkeit entfalten sollte: als eine Einheits-Reisegesellschaft und Freizeitgestaltungsorganisation mit billigsten Eintrittspreisen." (Broszat, Martin: „Der Staat Hitlers. Grundlagen und Entwicklung seiner inneren Verfassung", München 1971, 193). KdF war „innerhalb der unbeliebten DAF eine der erfolgreichsten und eine der populärsten NS-Gemeinschaften überhaupt ... [Sie] konzentrierte sich auf ästhetische Aufgaben und massenkulturelle Veranstaltungen. Ihre Realisierung lag in der Regie spezieller Ämter: Für Massenunterhaltung war das ‚Amt Feierabend' zuständig, für Massentouristik das ‚Amt Reisen, Wandern und Urlaub', für den Volkssport das ‚Sportamt' und für die so genannte Volksbildung das ‚Amt Deutsches Volksbildungswerk'." (Reichel, Peter: „Der schöne Schein des Dritten Reiches. Faszination und Gewalt des Faschismus", Frankfurt/Main 1994, 244) Durch diese Organisation wurde eine „weitgehende Kontrolle über den Freizeitbereich, zumindest für die älteren Arbeitnehmer" erreicht. „Freizeit stand stets im Dienst der Arbeit, der Gesellschaft, der Politik. Sie hatte zuallererst der Regeneration der Arbeitskraft aller ‚Schaffenden' zu dienen und ihre Leistungsbereitschaft zu erhöhen. Darüber hinaus verfolgte Freizeitgestaltung das Ziel, die Arbeiter in die ‚Volksgemeinschaft' zu integrieren, also das Regime zu stabilisieren. ... Mit kulturellen Veranstaltungen wollten sie [= die Nazis]die Lebensfreude der Menschen erhöhen und sie zudem glauben machen, dass sich die Wirklichkeit verändere. Statt vollerer Lohntüten bot KdF bisher unbekannte Urlaubsreisen an und versprach höheres Sozialprestige." (ebd. 244)

42) Zu antisemitischen Äußerungen vgl. oben Anmerkung 14.

43) „In Wien gibt es wie in anderen Teilregionen des Landes Besonderheiten in der Ablehnung von Fremden und Minderheiten. ... Ein integraler Bestandteil des Wesens des ‚echten Wieners' scheint darin zu bestehen, bei jeder ‚Hetz' dabei zu sein. ‚Hetz' ist ein Vergnügen, ein echter Spaß – das Wort ist auf Tierhetzen und das Hetztheater zurückzuführen, seinerzeit eines der beliebtesten Amüsements der Wiener. ... Zuwanderer und Minderheiten waren immer bevorzugte Objekte, wenn Wiener ihre ‚Hetz' haben wollten." („Wiener Spezifika der Minderheitenfeindlichkeit und des Fremdenhasses", in: John, Michael u. Lichtblau, Albert: „Schmelztiegel Wien – einst und jetzt. Zur Geschichte und Gegenwart von Zuwanderung und Minderheiten", Wien-Köln 1990, 357f) – Zu antisemitischen Äußerungen vgl. oben Anmerkung 14.

44) Franz Thiel veröffentlichte als Lokalhistoriker in verschiedenen Regionalzeitungen der Zwischenkriegszeit und auch noch nach 1945 eine große Zahl ortskundlicher Artikel, aber auch solche das gesamte Weinviertel betreffend.

Bücher der „Edition Weinviertel“:

EGELWOLF KARL: „Das Leben ging weiter ... Ein Pulkautaler Bub zwischen Krieg und Frieden“, gebunden, 128 Seiten, 62 sw-Fotos

FÜRNKRANZ RUDOLF: „Der Weinbau wird mit Fleiß betrieben. Mailberg von 1850 bis zur Gegenwart“, Gebunden, 204 Seiten, 193 sw-Fotos

GÜNTSCHL HELGA: „Meine Kindheit in P.“ Mit einem Anhang zum lokalgeschichtlichen Hintergrund Petzenkirchen 1942 - 1955, Broschur, 116 Seiten, 18 sw-Fotos

HARREITER JOSEF: „Ansonsten war ich mit meinem Leben recht zufrieden“ Bearbeitet, mit Anmerkungen versehen u. herausgegeben von Bernhard Gamsjäger. Gebunden, 186 Seiten, 30 Duplex-Fotos

HÖGL-REHNER ROSINA: „Fernweh nach daheim“, gebunden, 224 Seiten, 20 sw-Fotos

JANNY, JOSEF: „Für Führer, Volk und Vaterland ...? Läuse und Wanzen“, gebunden, 294 Seiten

KASTNER-MASILKO HORST: „Franciscus de Paula Triesnecker. Astronom, Mathematiker und Landvermesser aus Mallon bei Kircheberg am Wagram“, Gebunden, 184 Seiten, 102 Abbildungen

KITTEL HERMANN: „Bettlerumkehr – Schmecks – Uschtarivari. Illustrierte Korneuburger Straßenchronik“, Gebunden, 520 Seiten, 20 Zeichnungen des Autors

MADLMAYR ANNA: „... und trotzdem war es eine schöne Zeit. Erinnerungen an eine Bergbauernkindheit 1941-1951“, Broschur, 212 Seiten, 27 sw-Fotos

SCHOBER FRANZ U. LEOPOLD: „Briefe von der Front. Feldpostbriefe 1939 - 1945“, Broschur, 328 Seiten, 34 Fotos

SCHWARZMANN FRANZ KARL: „Recht, Alltag und Wirtschaft im 16. Jahrhundert nach dem Bann- und Bergtaiding von Langenzersdorf“, gebunden, 64 Seiten, 2 Strichzeichnungen

TIEFENBACHER SEPP: „Wetterleuchten. Wettersprüche, Lostage, Sprichwörter, Redewendungen“, Gebunden, 162 Seiten, 20 sw-Abbildungen

WIESBÖCK JOHANN: „So war's in Puch. Erinnerungen eines Weinviertler Altbauern“, Gebunden, 224 Seiten, 36 sw-Fotos

---

„Edition Weinviertel“
A 3482 Gösing
Tel. u. Fax: (+43) 02738/8760
e-mail: *edition.weinviertel@utanet.at*
www.edition-weinviertel.at